·法律与社会书系·

民政工作百年变革研究

马福云　王云斌 ｜ 著

光明日报出版社

图书在版编目（CIP）数据

民政工作百年变革研究 / 马福云，王云斌著．－－北京：光明日报出版社，2022.6
ISBN 978－7－5194－6678－7

Ⅰ.①民… Ⅱ.①马… ②王… Ⅲ.①民政工作—研究—中国 Ⅳ.①D632

中国版本图书馆 CIP 数据核字（2022）第 107480 号

民政工作百年变革研究
MINZHENG GONGZUO BAINIAN BIANGE YANJIU

著　　者：马福云　王云斌	
责任编辑：杜春荣	责任校对：房　蓉　李佳莹
封面设计：中联华文	责任印制：曹　净

出版发行：光明日报出版社
地　　址：北京市西城区永安路 106 号，100050
电　　话：010-63169890（咨询），010-63131930（邮购）
传　　真：010-63131930
网　　址：http://book.gmw.cn
E － mail：gmrbcbs@gmw.cn
法律顾问：北京市兰台律师事务所龚柳方律师
印　　刷：三河市华东印刷有限公司
装　　订：三河市华东印刷有限公司
本书如有破损、缺页、装订错误，请与本社联系调换，电话：010-63131930
开　　本：170mm×240mm
字　　数：198 千字　　　　　　　　　印　张：15.5
版　　次：2023 年 7 月第 1 版　　　　印　次：2023 年 7 月第 1 次印刷
书　　号：ISBN 978－7－5194－6678－7
定　　价：95.00 元

版权所有　　翻印必究

目 录
CONTENTS

引言　民政溯源与民政工作百年变革 …………………………………… 1

第一章　新民主主义革命时期民政工作的产生与
　　　　演变（1927—1949年）………………………………… 8

　第一节　土地革命战争时期的民政工作（1927—1937年）……… 9
　第二节　全面抗战时期的民政工作（1937—1945年）…………… 29
　第三节　解放战争时期的民政工作（1945—1949年）…………… 54

第二章　社会主义革命和建设时期的民政工作
　　　　沿革（1949—1978年）………………………………… 70

　第一节　中华人民共和国成立初期的民政工作
　　　　　（1949—1954年）…………………………………………… 71
　第二节　计划体制建构时期的民政工作（1954—1966年）……… 97
　第三节　"文化大革命"时期内务部的撤销
　　　　　（1966—1978年）…………………………………………… 120

第三章　改革开放和社会主义建设时期的民政工作
变革（1978—2012 年） ……………………… **124**

第一节　改革开放初期的民政工作（1978—1983 年）……… 125

第二节　经济体制转轨时期的民政工作（1983—1992 年）… 135

第三节　市场经济体制建构时期的民政工作
（1993—2002 年）……………………………………… 147

第四节　和谐社会建设时期的民政工作（2002—2012 年）…… 163

第四章　中国特色社会主义新时代的民政工作
调整（2012 年至今） ……………………………… **177**

第一节　党的十八大时期的民政工作（2012—2017 年）……… 178

第二节　党的十九大以来民政工作的发展（2017 年至今）…… 190

第五章　共产党领导的民政工作百年变革总结……………… **205**

第一节　民政工作重点在不同历史时期不尽相同………………… 205

第二节　把握民政工作百年变革中的历史智慧…………………… 227

附录　民政部职能配置、内设机构和人员编制规定………… **234**

参考文献……………………………………………………………… **239**

引言

民政溯源与民政工作百年变革

所谓研究，以核心概念界定为开端。但是，概念界定却远不是件容易的事情，尤其是对民政、民政工作而言，更是如此。民，往往与官相对而言，一般是指没有官职的普通民众、公众或者说老百姓，传统社会多称为庶民、庶人。政，除表示政治、政府相关含义外，还表达政务、政事，一般是指政府事务，也就是国家或者政府所进行的公共事务管理。

"民"与"政"两字连用，成为"民政"这一固定词语，大家多将其追溯到北宋时期。根据《宋史》记述："宋初革五季之患，召诸镇节度会于京师，赐第以留之，分命朝臣出宗列郡，号权知军州事，军谓兵，州谓民政焉。"此中记述的"军谓兵"，是指军事管理、军队行伍作战相关的事情。而"州谓民政"则是指除了军事及军队管理外，地方官员所处理的管理工作，这些都可以归为"民政"。到南宋时，徐天麟编撰《西汉会要》和《东汉会要》（简称《两汉会要》），将户口、风俗、传籍、更役、乡役、泛役、复除、置三老、尊高年、赐孝悌、力田钱帛、恤鳏寡孤独、恤流民、徙豪族、奴婢、治豪猾、杂录、乡三老、乡亭长、民伍、劝农桑、假民田苑、赐民爵、崇孝行、戒奢侈、荒政、禁厚葬、瘗遗骸等涉及广大民众的各类社会性事务归纳起来，称之为"民政"类。这成为民政概念及其含义的基本来源。

但是，如果就民政所包含的具体事务而言，其渊源在我国历史上发轫却要早得多。据《周礼》记载，早在西周时期，其国家机构设置中就有地官大司徒一职。大司徒的职责范围就包括领土疆域、行政区划、户口、基层政权、救灾、社会救济、礼俗、移民8项，这些事务基本属于民政管理的内容。西周之后，东周列国、秦汉、三国两晋南北朝、再到隋唐等，不同朝代基本都设置相关政府部门及官员进行相关事项的管理。例如，汉代置民曹，初主吏人上书事，后兼主缮修功作，当工官之任。隋代设置民部，唐代改为户部，掌天下土地、人民、钱谷之政、贡赋之差。宋、元、明、清一直沿袭下来，掌管户口、土田、赋役、贡献、蠲免、优复、姻婚、继嗣之事。也就是说，在延续千余年的传统社会中，不同朝代的经济、政治、文化状况不同，国家管理的范围、内容及方式不尽相同，民政事务也有增减调整。但是，一些基本的管理事项，如行政区划、户口管理、基层政权、灾害救助、社会救济等依然保持稳定，从而使得民政的基本内容相对固定，基本的民政事务断断续续沿袭下来。

到清朝末年，在资产阶级改良主义维新运动的影响下，民政的范围扩大，内容也更加复杂。清光绪三十二年（1906年），为了缓和革命与改良的矛盾，继续维护清政府的统治，光绪帝发布"仿行宪政"的"上谕"，推动君主立宪制。将户部改为度支部，转向财政管理，并宣布："巡警（1905年已设置巡警部）为民政之一端，著改为民政部。"这是民政部首次作为一个中央政府职能部门出现。民政部除接管原巡警部所辖事务外，还将户部所掌之疆理、户口、保息、拯救、旗人过继归宗，礼部所掌之仪制、风教、方术，工部所掌之城垣、公廨、仓厫、桥道工程，吏部所掌之文职官员过继归宗、复姓改籍等事并入。因此，民政部的职掌事项就成为管理全国地方行政、地方自治、户口、风教、保息、荒政、巡警、疆理、营缮、卫生、寺庙、方术各事,并监督顺天府尹,稽核各直省民政司务、礼俗风教等事宜。民政部内设二厅五司,分别是承政厅、参议厅、民治司、警政司、疆理司、营缮司、卫生司。此外,民政部还下辖内外城巡警总厅、缉探总局、路工处、消防队、京师习艺所等直属机构。民政部大臣掌主版籍,整饬风孝、绥靖黎物,以奠邦治。民治掌编户口,兼保息乡政;警政掌巡察禁令,分稽行政司法;疆里掌经界图志,审验官民土地;营缮掌陵寝,修治道理,并保守古迹祠庙;卫生掌检医防疫、建置病院。这是我国最早的中央政府民政机构及其职责业务的雏形。

到民国时期,1912年南京临时政府改民政部为内务部,受大总统管辖。内务部以主管为总长,以次长为佐官,下设承政厅,由秘书长掌管;设民治、警务、礼教、土木、疆理、卫生六司,各设司长。北京政府成立后,内务部与各部均属国务院。承政厅改为总务厅,不设秘书长,仍分六司。后又增加了考绩司,主管地方官的任用、奖惩、土司承袭等事务。1927年国民党右派叛变革命,先后发生"四一二"反革命政变、"七一五"反革命政变,宁汉合流,在南京建立国民党的国民政府,改民政部为内政部。1928年3月,国民党二届四中全会通过国民政府《内政部组织法》,设定内政部职责机构框架,明确其职掌为:依据法令管理地方行政及土地、人口、水利、警察、选举、国籍、宗教、公共卫生、方域礼俗、社会救济等事务;设民政、土地、警政、卫生、总务五司及人口局。置部长1人,主管部务;设政务、常务次长各1人,协助部长,办理部务。

从历史发展来看,民政与民政工作都与广大人民群众的生产生活紧密联系，每一项民政事务都是需要由国家、政府进行统筹管理的具有社会性的公共事务，民政工作涉及人的生老病死、衣食住行，婚姻登记、救灾救济、优抚安置、拥政爱民、区划地名、老龄工作、低保福利、慈善殡葬等，因此，民政工作可视为社会事务的社会行政管理工作。民政工作，是政府承担的大量与老百姓切身利益相联系的社会行政工作，这一工作既是一种依法维护和保障人民群众基本生活权益的政府工作，也是政府在授权范围内依法维护和保障人民群众基本生活权益的法定职责。民政，属于是政府职能，是国家赋予政府职能部门所行使的公共管理工作，也是给广大人民群众所提供的公共服务工作。管理与服务交织在一起，所谓寓管理于服务之中，在民政工作中体现得尤其明显。

中华人民共和国民政工作源头，并非始于新中国成立后，而是发源于中国共产党领导的创建中华人民共和国的过程中，因此其发端应该从中国共产党创立时进行追溯。正是在中国共产党的领导下，中华民族在百年迎来了从站起来、富起来再到强起来的发展历程。在党的百年奋斗历程中，民政工作在不同时期被党和政府赋予不同的职责使命。民政工作始终在党的领导下，以"上为中央分忧，下为群众解愁"为宗旨，围绕党和政府大局展开。这使得民政工作成为党和政府爱民之情、亲民之意、为民之举的重要体现。在建党百年之际，重温百年党史中的民政工作，梳理民政工作的产生、发展及其沿革，对于我们总结党领导的民政工作经验，推动民政事业的进一步发展等都具有重要的意义。

伴随党领导下的人民政权的诞生，民政机构及其管理工作随之产生。在新民主主义革命时期，民政部门通过做好拥军优属、户籍登记、地方政权建设、救灾救济、婚姻改革、禁烟禁毒、土地革命等民政业务，服务于党和政府的中心工作，对保卫革命战争胜利成果、巩固和扩大革命根据地、发展壮大人民武装、夺取解放战争全面胜利发挥了重要作用。

中华人民共和国的成立揭开了民政工作发展的新篇章。改造旧社会、建立中华人民共和国的繁重任务，对民政工作提出迫切要求，也提供了广阔的施展空间。民政部门积极推动民主建政，参与收容安置社会闲散人员，教育改造流氓、懒汉、赌徒、烟民、游民和妓女等各项工作。在国民经济恢复后，党和国家的工作目标转移到社会主义改造及经济建设上来。民政部门负责的大规模复员退伍军人安置工作结束后，其工作回归常态，工作重点转换，强调为生产建设服务，在优待抚恤安置、灾害救助、社会救济及社会福利方面的职能显现。这一时期的民政工作承前启后，民政职责多次调整，是民政工作逐步建章立制、调整探索发展的时期。民政工作的开展有效地稳定了军心、安定了民心，惠及困难群众，为社会主义建设营造了良好环境。

党的十一届三中全会作出把党的工作中心转移到经济建设上来，实行改革开放的历史性决策，开启了改革开放和社会主义现代化建设新时期。民政工作与改革开放进程同步，在拨乱反正中重新启航。在从邓小平理论到"三个代表"重要思想，再到科学发展观的社会主义建设理论实践的探索中，民政部门围绕党和政府经济体制的转型与改革，为适应经济社会建设需要，逐步找准其职能定位，逐步探索与社会主义市场经济体制相适应的制度机制。民政工作发挥社会救助的兜底作用，致力于以基本生活保障来缓解社会矛盾，做好复退军人、救灾工作以及困境儿童、老年人等弱势群体的社会福利，在推动市场经济体制转型、保障基本民生、维护人民权益、促进社会和谐稳定等方面发挥了重要作用。

党的十八大以来，社会建设越来越多地得到党和政府重视。在社会建设中，民政工作的社会政策兜底职能更加彰显出来。民政，既要"安民立政"，又需要"修治民政"，民生不只在民政，但民政都是民生。如何夯实民生兜底保障是民政部门的基础性工作，其在民生保障与社会治理中发挥着基础性作用。

党的十九届三中全会，基于新时代党和政府执政施政现实需要，统筹推进党和政府机构改革，民政部门的职责职能得以重新界定。民政部门主责聚焦于基本民生保障、基层社会治理和基本社会服务等方面，职能更加明确，内部设置更加优化，工作质量标准更加严格。习近平总书记在第十四次民政会议指示中指出，民政工作关系民生、连着民心，是社会建设的兜底性、基础性工作；强调各级民政部门要加强党的建设，坚持改革创新，聚焦脱贫攻坚，聚焦特殊群体，聚焦群众关切，更好履行基本民生保障、基层社会治理、基本社会服务等职责，为全面建成小康社会、全面建设社会主义现代化国家作出新的贡献。这是新时代民政工作的根本遵循，为民政工作发展指明了方向。民政部门牢记"民政为民、民政爱民"理念，大力推进民政履职尽责，着力加强基层基础工作，推动各项民政业务创新发展，在助力脱贫攻坚、全面建成小康社会中发挥了积极作用。

民政工作，是党和政府工作的重要组成部分。民政工作内容是党将其为民爱民执政理念转化为政府管理服务事项，再交由民政部门担负相应职责、行使管理服务职能的结果。回顾百年来党领导的民政工作发展改革历程，我们可以发现，民政工作的范畴内容及其工作重点发生改变是常态，民政工作及其重点在不同的历史时期、同一历史时期的不同阶段不尽相同，从民政工作的变迁中，我们需要汲取历史的智慧，梳理出民政工作发展的经验。这包括：（1）坚持党对民政工作的领导，是民政事业发展改革的基本保证。(2)践行以人民为中心的发展理念,始终保持民政为民的民本底色。(3)用科学理论指导民政实践,把握中国民政事业发展规律。(4)始终围绕中心开展工作,服务大局,推动民政工作与时俱进。(5)将继承发扬优良传统与深化改革创新相结合,推动民政工作不断创新。(6)立足民政部门主导,积极推动社会参与协作,统筹推进民政能力建设。

第一章

新民主主义革命时期民政工作的产生与演变
（1927—1949年）

1921年7月，党的一大会议确定党的根本政治目的是实行社会革命。党的二大确定了反帝反封建的民主革命纲领，提出中国革命两步走的战略，推进了国共合作。在国共合作中，党领导的工农运动蓬勃发展，反帝反封建的革命风暴席卷全国。以蒋介石为首的国民党右派叛变导致国共合作的失败以及大革命夭折。1927年8月，党领导了南昌起义，开始创建人民军队，创立革命根据地，党领导的人民政权诞生，民政机构随之产生。1931年11月，中华苏维埃共和国在江西瑞金成立，中央执行委员会之下组织建立内务人民委员会，党领导下的民政机构就此创立。1932年改称为内务人民委员部。第五次反"围剿"失败后，内务人民委员部随红军中央纵队长征到达陕北。1934年2月，中华苏维埃共和国中央政府正式成立时又改称为内务部。1937年9月，陕甘宁边区政府成立，其下设民政厅，民政工作延续下来。1948年9月，华北解放区成立华北人民政府，设立民政部，中华人民共和国的内务部就是在此基础上组建的。新民主主义革命时期的民政工作，对保卫革命战争胜利成果、巩固和扩大革命根据地、发展壮大人民武装、夺取解放战争全面胜利发挥了积极作用。

<<< 第一章 新民主主义革命时期民政工作的产生与演变（1927—1949年）

第一节 土地革命战争时期的民政工作
（1927—1937年）

1921年7月1日，中国共产党成立。我们党从创立时，就站在最大多数劳动人民的一边，同情劳苦大众，扶助农工，使其具备了坚实的人民基础。1927年南昌起义后，党围绕武装夺取政权，创立人民军队，开辟革命根据地，并先后在革命根据地（苏区）建立政权组织。伴随党领导下的中华苏维埃共和国临时中央政府的创建，民政机构及民政工作随之产生。在土地革命战争时期，民政部门负责的地方选举、红军优待抚恤、土地改革以及婚姻管理等各项工作都取得了较好成绩。

一、土地革命战争时期的民政机构与民政工作

中国共产党在成立后通过国共合作推动了工农运动的蓬勃发展。在东征北伐取得胜利的大好形势下，国民党右派叛变革命，走上了分共反共的道路。在汉口召开的"八七"会议，批判纠正了陈独秀右倾机会主义错误，确定了土地革命和武装斗争的总方针。共产党发动了南昌起义，创立革命军队，通过武装斗争打击国民党反动派，并创建农村革命根据地。伴随着赣西南、闽西革命根据地的开辟和巩固，中华苏维埃共和国临时中央政府建立，民政机构与民政工作随之产生。

（一）中国共产党创立及大革命的失败

1917年发生的俄国十月革命震惊了全世界，给积重难返的旧中国送来了新希望，中国的先进知识分子接触到马克思主义，开始探索用无

产阶级的世界观探求国家发展,重新考虑中国所面临的挑战与问题。以李大钊为首的中国先进知识分子研究宣传俄国十月革命和马克思主义,培养了一批初步具有共产主义思想的先进分子,推动了马克思主义在中国的传播。1919年5月,中国爆发了震惊中外的五四运动。这是一场以先进青年知识分子为先锋、广大人民群众参加的彻底反帝反封建的伟大爱国革命运动。它推动了中国社会进步,促进了马克思主义在中国的传播,也促进了马克思主义同中国工人运动的结合,为中国共产党成立做了思想上、干部上的准备,为新的革命力量、革命文化、革命斗争登上历史舞台创造了条件,促进了中国共产党的创立。

1921年7月23日,中国共产党的第一次全国代表大会在上海召开。大会通过了中国共产党的第一个纲领和决议,确定党的名称为"中国共产党",规定党的纲领是:革命军队必须与无产阶级一起推翻资本家阶级的政权;承认无产阶级专政,直到阶级斗争结束,即直到消灭社会的阶级区分;消灭资本家私有制,没收机器、土地、厂房和半成品等生产资料,归社会公有;联合共产国际。纲领明确提出要把工人、农民和士兵组织起来,并确定党的根本政治目的是实行社会革命。①

中国共产党成立后,基于反帝反封建的革命纲领,开始与孙中山领导的国民党进行广泛的合作,并在广州建立了革命政权。国共两党还建立了黄埔军校,促进国民革命军的发展壮大,提高军队的战斗力。伴随着国民革命军东征和北伐战争的胜利,工农革命运动得到了蓬勃发展。在反帝反封建的革命风暴席卷全国的大好形势下,以蒋介石为首的国民党右派叛变革命,导致国共合作的失败以及国民革命的夭折。1927年4

---

① 屈建军. 中共一大与《中国共产党第一个纲领》[J]. 共产党员, 2017 (24): 8.

月，篡夺了革命领导权的蒋介石发动了"四一二"反革命政变，此次政变成为大革命从高潮走向失败的转折点。此后，全国形成了3个政权分立的局面，即原来在北方的北洋军阀政府，盘踞在上海、南京的蒋介石反革命政权和迁到武汉的国民党国民政府。

面对错综复杂的矛盾和尖锐激烈的斗争，中国共产党需要对形势有清醒的认识并采取果断行动，以挽救革命。1927年4月召开的中国共产党第五次全国代表大会虽然批评了陈独秀的错误，但是，对于无产阶级如何争取领导权、如何领导农民进行土地革命、如何对待武汉国民政府和国民党，特别是如何建立党的革命武装等迫在眉睫的重大问题，未能作出切实可行的回答。

1927年7月，以汪精卫为首的武汉国民政府日趋走向反动，并决定进行"分共"，发动"七一五"反革命事变。他们解聘了共产国际中国代表鲍罗廷的顾问职务，并通知各政府部门和军队驱逐共产党人。"七一五"反革命事变后，蒋介石集团和汪精卫集团与帝国主义和大地主大资产阶级勾结在一起，残酷屠杀共产党人和革命群众，使得从1924年开始的国共合作以及反帝反封建的大革命失败。

(二) 南昌起义与革命根据地的创建

中国共产党第一次全国代表大会结束后，毛泽东回到湖南。1921年10月，共产党第一个省支部——中国共产党湖南支部建立。在此基础上，党的第一个省委——中国共产党湘区委员会建立，毛泽东任书记。毛泽东从工人革命运动、农民革命运动中，根据马克思列宁主义原理，对建立无产阶级革命政权的理论作了精辟的论述："军队、警察、法庭等项国家机器，是阶级压迫阶级的工具。对于敌对的阶级，它是压迫的工具,它是暴力,并不是什么仁慈的东西。"① 在领导中国革命的伟大斗争中,在反对国内外机会主义的长期斗争中,毛泽东继承、捍卫和发展了马克思列宁主义的国家学说。他在《战争和战略问题》中指出:"从马克思主义关于国家学说的观点看来,军队是国家政权的主要成分。谁想夺取国家政权,并想保持它,谁就应有强大的军队。"②

为了反抗国民党反动派的屠杀,挽救中国革命,1927年7月,党中央进行了改组,停止了中央委员会总书记陈独秀的领导工作。8月1日,在周恩来、贺龙、叶挺、朱德、刘伯承等的领导下,中国共产党发动了南昌起义。南昌起义在全党和全国人民面前树立起鲜明的武装斗争旗帜,充分地表现了中国共产党和中国人民不畏强敌、前仆后继的革命精神。它以实际行动批判了陈独秀的右倾机会主义错误,沉重地打击了国民党反动派的嚣张气焰,极大地鼓舞了全国人民的革命斗志。南昌起义成为中国共产党独立领导武装革命战争和创建人民军队的开端。

1927年8月,党中央于湖北汉口召开紧急会议(即八七会议),批判和纠正了陈独秀右倾机会主义错误,撤销了他的党内职务,选出了新的临时中央政治局,并确定了土地革命和武装斗争的总方针。毛泽东出席了这次会议并提出了著名的"枪杆子里出政权"的论断。八七会议后,党中央决定派毛泽东以中国共产党中央特派员的身份前往长沙,领

---

① 毛泽东. 论人民民主专政 [M] //毛泽东. 毛泽东选集:第四卷. 北京:人民出版社,1991:1476.
② 毛泽东. 战争和战略问题 [M] //毛泽东. 毛泽东选集:第二卷. 北京:人民出版社,1991:547.

第一章 新民主主义革命时期民政工作的产生与演变（1927—1949年）

导湘赣边界的秋收起义①。

在湖南，中国共产党领导的农民运动发展如暴风骤雨般将几千年来的地主封建势力打得落花流水，不少地方做到了"一切权力归农会"。农民协会在政治上剥夺土豪劣绅、不法地主的发言权，推翻了土豪劣绅把持的"都团"②。乡村政权多由农民协会取得，或由同情并赞成农民协会的国民党左派掌握，许多县建立了乡民会议，乡村革命立法机关、农民协会成为农民革命专政的临时政权形式，也成为当时的农村唯一权力机关。毛泽东在1928年发表的《中国红色政权为什么能够存在》和《井冈山的斗争》中指出，中国革命必须走工农武装割据、农村包围城市、武装夺取政权的道路。

1929年1月，毛泽东、朱德率红军主力离开井冈山向赣南挺进，并在赣南、闽西开展游击战争，与湘赣边根据地周边区域相连接。在相继攻占雩都、兴国、宁都等县城后，建立赣南第一个工农兵政权——兴国革命委员会，赣南苏区初步形成。5月，红军再次入闽，先后攻占龙岩、永定县城。7月，以龙岩、永定、上杭为中心的闽西苏区基本形成。1930年3月，赣西南、闽西苏维埃政府相继成立。此后，赣西南、闽西地区的革命斗争得到进一步发展，两个根据地连成一片，统称为中

---

① 秋收起义是毛泽东在湖南东部和江西西部领导的工农革命军（即红军）举行的一次武装起义。秋收起义是中国共产党第一次在武装斗争中公开打出了自己的旗号，人民军队历史上第一面军旗（带有镰刀、斧头、五角星的工农革命军军旗）由此诞生，在全国人民面前彰显了中国共产党独立领导革命战争的决心。虽然秋收起义失败了，但它却开创了一条新的道路，也开辟了第一个在农村的根据地，为后来各地工农红军和农村革命根据地的大规模发展奠定了基础。

② 毛泽东在《湖南农民运动考察报告》中指出："第四件，推翻土豪劣绅的封建统治——打倒都团。旧式的都团（即区乡）政权机关，尤其是都之一级，即接近县之一级，几乎完全是土豪劣绅占领。"

央革命根据地。湖南农民革命运动的蓬勃发展、革命根据地的建立直接影响和带动了其他各省农民运动的开展。伴随各地农民运动轰轰烈烈的兴起，到1930年6月，全国先后建立起中央革命根据地、鄂豫皖革命根据地、洪湖和湘鄂西革命根据地、广西左右江革命根据地以及海陆丰、琼崖、川陕、陕甘、湘鄂川黔等农村革命根据地。在各个根据地内，苏维埃政府开始逐步建立，县、区、乡政权也普遍建立起来。这时的政权是军政合一、军民一体，而且是高度军事化的。乡、区两级乃至县级政府的执行委员会，都是采用群众选举的方式建立的。

中国共产党一直重视民政机构建设，注重民政工作。1927年12月，广州起义成立广州政府时，就设立了执掌民政事务的人民内务委员。在1931年11月中央临时政府成立前，部分根据地（因根据地建有苏维埃政府，也称苏区），如江西、闽西及鄂豫皖边等根据地建立的政府都设有各自的民政机构。在江西的鄱阳、万安、吉安等地，由于根据地的逐渐扩大和土地革命的胜利开展，江西省委制订了《苏维埃临时组织法》。该组织法规定：省、县、市苏维埃执行委员会之下设内务委员会，区、乡苏维埃执行委员会下设立内务委员，掌理民政事务。鄂豫皖边也有类似的规定，而闽西苏维埃执委会则设立社会保障委员会。

1931年11月7日，第一次全国工农兵代表大会在江西瑞金召开，来自中央革命根据地和湘赣、湘鄂赣、赣东北、湘鄂西、琼崖等根据地以及红军、全总、海员总工会等的600多名代表参加会议。大会发表了工农兵代表大会宣言，通过了《中华苏维埃共和国宪法大纲》以及劳动法、土地法、红军问题、经济政策等重要法令和决议案，宣告成立中华苏维埃共和国临时中央政府，并选出毛泽东、周恩来、朱德、项英、张国焘等63人组成中央执行委员会。《中华苏维埃共和国宪法大纲》

明确苏维埃政权的性质是"工人和农民的民主专政的国家",其"全部政权属于工人农民红军士兵及一切劳苦民众"。苏维埃政权的最高权力机关为全国工农兵代表大会,在大会闭会期间,苏维埃中央执行委员会为最高政权机关。在中央执行委员会之下,组织临时中央政府的行政机关——人民委员会,在人民委员会内设外交、军事、劳动、财政、土地、教育、内务、司法、工农检察9个部,负责处理相应方面的日常政务,并发布法令和决议案。中央执行委员会选出9名中央执行委员为各机构的人民委员,主管相应机构的工作。其中,内务人民委员是主管共和国内务及民政工作的最高行政职务,具有独立处理和解决内务行政工作的权利;中央执行委员会还委任副人民委员1—2人协理事务。内务人民委员会(部)是中国共产党领导的苏维埃政权内主管民政工作的第一个中央机构,其产生揭开了党领导中国民政工作产生发展的历史。

根据《中华苏维埃共和国宪法大纲》和《苏维埃临时组织法》的有关规定,各人民委员部行使如下职权:各人民委员部在自己的职权范围内,独立行使职权,但重大问题须交部务会议讨论、决议、通过和承认;各人民委员部所提出的法令、决议,中央人民委员会有权审查、修改或停止其执行;各人民委员部的决议若违背中华苏维埃宪法和法律,中央执行委员会或主席团有权令其停止执行,并撤销有关人民委员的职务。

中华苏维埃工农兵第一次全国代表大会决议通过《中国工农红军优待条例》和《红军抚恤条例》,并以苏维埃临时中央政府名义发布。《中国工农红军优待条例》共18条,对红军战士及其家属享受的各种优待进行了明确规定,诸如红军战士及其家属应该分配土地、房屋、山林等,家中无劳动力耕种土地的,应由苏维埃政府派人帮助耕种;可以免纳苏维埃共和国一切捐税；享受国家商店5%减价的优待；红军战士牺牲、病故给予抚恤；红军与家属通信，可以不贴邮票；红军战士在服役期间，其妻离婚必先得本人同意，如未同意，政府得禁止之，等等。《红军抚恤条例》共14条，规定设立中央革命军事委员会抚恤委员会，作为执行抚恤条例的最高机关；军区或军以上单位也要设立相应的抚恤委员会。条例对红军战士的退职休养待遇、伤亡抚恤，全残废和半残废的区分，烈士的褒扬，统一伤亡证书等做了具体规定。

1931年12月，中华苏维埃共和国中央政府颁布《中华苏维埃共和国婚姻条例》。1934年4月，《中华苏维埃共和国婚姻法》颁布实施。该法提出，废除一切包办强迫和买卖的婚姻，实行男女平等、一夫一妻制、婚姻自由和保护妇女权益，受到广大群众，尤其是妇女群众的大力支持和拥护。中央苏区吉安地区到处传唱着这样的歌谣："妇女解放真正好，废除封建旧礼教；今日自由来结婚，建立幸福新家庭。"①

1932年6月，中央人民委员会第十六次会议通过了中国共产党制定的第一个民政组织法规——《内务部暂行组织纲要》（以下简称《纲要》）。《纲要》共14条，主要内容包括："规定中央内务部及各级内务部隶属关系；确定内务部管理的事项为市政民警、刑事、侦探、卫生、交通、邮电、粮食、社会保护、户口调查、生死和婚姻登记等，暂设市政管理、行政、卫生管理、交通管理、社会保证管理及邮电管理等局分管上述工作；规定各级内务部负责工作人员名额，中央内务人民委员部除设置部长、副部长外，另设各管理局局长六人，省内务部另设行政、市政、交通、卫生及社会保证等科长五人。县内务部只设科长二

---

① 云南省博物馆. 我国婚姻立法史上的一次伟大尝试：中央苏区的婚姻变革［EB/OL］. 搜狐网，2020-10-21.

第一章 新民主主义革命时期民政工作的产生与演变（1927—1949年）

人，城市则设行政科长一人。此外，纲要还对内务部所属各局、科的具体任务作了明确规定。"① 关于中央苏区内务部的组织机构及职能，《纲要》也做了明确规定：内务部在中央政府，则隶属于人民委员会，称内务人民委员部，省县受执行委员会主席团之指导，则称内务部，唯区则不设立内务部；各级内务部，在行政上直接属于上级内务部，建立直接的系统关系，绝对执行上级内务部的命令，但同时则受同级政府的主席团的指导，发生横的关系，内务部可以组织内务委员会，由3—9人组织之；下级的内务部长，经该级苏维埃代表大会选举出来之后必须送上级内务部去批准。② 从上述可以看出，内务部受双重领导，一方面，受上级内务部领导，下级内务部的部长，经该级苏维埃代表大会选举产生后，送上级内务部批准；另一方面，又受同级执委会及主席团的领导。1933年，卫生、粮食、邮电和劳动等部成立后，中央内务部管理的民政事务更为集中。

根据《纲要》规定，省、县、区地方各级内务部的内设机构只设置行政科、市政科、交通科、卫生科和社会保证科；1933年又改为省、县、市、区内务部之下设选举指导科、优待红军科、社会保证科、民事行政科及义务劳动科等。土地革命战争时期，内务人民委员部及各级地方内务部（科）的设置，主要是仿效苏俄的建置。从中央人民委员会内务部到省、县、区内务部，从城市内务科到基层乡政权专门委员会，层层都设有主管民政工作的专门机构，这样，从中央到地方再到基层，形成了一个较为完整的民政组织管理组织体系。

---

① 陈立明，邵天柱，罗惠兰. 中国苏区辞典［M］. 南昌：江西人民出版社，1998：130.
② 江西省档案馆，中共江西省委校党史教研室. 中央革命根据地史料选编：上册［M］. 南昌：江西人民出版社，1982：168-169.

1933年8月，中华苏维埃中央执行委员会第一次全体会议通过《苏维埃暂行选举法》。它包括总则，选举权和被选举权，选举的手续，各位苏维埃的选举程序及代表的标准，红军的选举手续及代表的标准，基本（市乡）选举的承认、取消及代表之召回，选举委员会及其工作，选举的经费和附则，共9章、59条。《苏维埃暂行选举法》有4个方面的特点：一是公民享有普遍的选举权；二是无产阶级在选举中享有特别优越的权利；三是实行直接选举与间接选举相结合；四是选民拥有对代表的罢免权。这充分体现了民主选举的原则，为红色苏区的民主政治建设打下了坚实的基础。工农劳苦大众通过《苏维埃暂行选举法》取得选举权利，在中国历史上还是第一次。

1933年12月，中央执行委员会发布《中华苏维埃共和国地方苏维埃组织法（草案）》，其中第146条进一步明确了内务部的工作职责。包括：第一，"管理苏维埃的选举工作，监督选举法的正确执行，收集和统计有关选举工作的材料，解决选举中发生的问题"。第二，"管理道路、桥梁、船渡、河堤、茶亭等之建筑和修理，船只车辆之登记"。第三，"管理红军之登记和统计监督，红军优待条例之执行，发动群众并分配劳动力帮助红军耕种土地，解决红军家属的其他困难问题"。第四，"管理关于群众卫生运动之指导，医院、诊断所、疗养所之指导，医生之登记和考试，药店之检查，药材合作社之组织，医生教育"。第五，"管理因战争因灾荒而发生之困难群众的救济，地方武装及苏维埃工作人员参加革命战争牺牲或者残废者之抚恤，荒年粮食之救济，备荒仓之指导"。第六，"管理户口、婚姻、生死之登记和统计，监督婚姻条例正确执行，市政之指导，居民证之颁发"。第七，"管理国家一切义务劳动之登记、统计和分配"。第八，"管理各市民警事务"。

针对旧中国土地占有制度及其土地占有情况极端不合理的问题，中国共产党领导全国人民进行了土地革命。它是新民主主义革命的一项基本任务，红军和革命根据地推进到哪里，党就在那里发动农民开展土地革命。因为当时土地管理是属于民政事务，所以土地改革工作是民政部门首当其冲、需要全力做好的工作。

减租减息早在湖南农民运动中就被提出来了，在政治、经济上打击地主，不准加租加押，要减租减押，反对土豪劣绅的苛捐杂税、高租重利。井冈山革命根据地建立以后，党就立即领导根据地人民开展了打土豪、分田地的土地革命斗争，其主要内容是发动群众打倒豪绅的游击暴动，分浮财、废债约。1928年5月，毛泽东主持湘赣边界党的第一次代表大会，着重讨论了深入开展土地革命的问题。大会后，湘赣边界革命根据地各县、区、乡都普遍设立了土地革命委员会。红军边打仗歼灭敌人，边推动边界地区全面开展土地分配。这一活动曾一度受到党内"左"倾盲动主义的干扰，出现了"农民分田、地主割禾"的局面。在毛泽东的领导下，红军领导农民夺回土地和粮食。1928年12月，中国共产党总结了一年来开展土地革命的实践经验，制定了党的历史上的第一个土地法——《井冈山土地法》，宣布了"没收一切地主阶级田地，分给无田少田地的农民"以及"发给田地，士兵有份"的土改政策。《井冈山土地法》是中国共产党在土地革命战争初期制定的第一部较为成熟的土地法，其颁布和实施改变了几千年来地主剥削农民的封建土地关系，从法律上保障了农民对土地的合法占有及其权益。它不仅指导了湘赣边界的土地革命斗争，而且为以后中国共产党领导进行土地革命斗争提供了宝贵的经验。

1929年4月，红四军到达兴国，并制定和颁布了《兴国土地法》。

这个土地法是根据党的六大的精神在《井冈山土地法》的基础上修改制定的。红军所到之处普遍推动进行土地革命，而《兴国土地法》，把《井冈山土地法》中的"没收一切土地"改为"没收公共土地及地主阶级的土地"，这是一个原则性的修订。7月，中国共产党闽西第一次代表大会在上杭召开，会议总结了闽西土地斗争的经验，通过了《土地问题决议案》。其中规定："没收一切收租的田地山林，随即分配于贫农"，"自耕农的田地不没收"，"富农田地自食以外的多余部分，在贫农群众要求没收时应该没收"，"田地以乡为单位，按原耕形势，抽多补少平均分配"。后来闽西又提出和实施了"抽肥补瘦"的办法。党的土地政策得到广大群众的热烈拥护，闽西出现了"分田分地真忙"的大好形势。在短时间内，60多万人分配得到了土地。农民积极从事农业生产，粮食产量大为增加，人民的生活也得到了改善。1930年2月，毛泽东在吉安陂头召开了一次联席会议，批判了江西省委巡视员江汉波阻碍土地斗争的错误，决定一要"分"、二要"快"，端正了赣西南土地革命的方向。这次会议后，赣西南土地斗争蓬勃开展起来。

　　从井冈山到中央革命根据地，广大群众开展了声势浩大的土地革命，经过实践经验的总结，不仅提出了一条正确的土地革命路线，不断完善丰富土地革命的具体政策，并且还不断地从中央根据地传播到其他各根据地，土地革命成为各根据地的中心工作，成为这一历史时期革命斗争的核心内容。土地革命的开展，沉重地打击了封建势力，解放了农村生产力，激发了农民群众的革命热情，使他们积极参军参战，进一步壮大了红军队伍，巩固了革命根据地。

<<< 第一章　新民主主义革命时期民政工作的产生与演变（1927—1949 年）

二、土地革命战争时期的民政工作成就

土地革命战争时期，伴随党领导的人民政权的建立，民政机构与民政工作产生。在民政工作初创时期，当时内务部的工作范围相当广泛。为做好内务部管理工作，苏维埃政府针对土地、选举、优抚、婚姻等重大问题出台法律制度，内务部颁布和实施了一系列法规条例、训令，开创了多项民政管理业务的先河，成为中国共产党以人民为中心的具体实践。这一时期，内务部在红军优待抚恤、地方政权建设、婚姻管理等方面取得了较为突出的成就。

（一）红军优待抚恤成为民政优抚工作的开端

1927 年 9 月，毛泽东在湘赣边领导农民、工人和革命士兵进行秋收起义，成立了第一支中国工农革命军，并确立了党对军队的绝对领导，从政治上、组织上奠定了人民军队的基础。1928 年 5 月，全国各地的工农革命军陆续改称为中国工农红军。自从建立了人民的军队，便促生了人民的优抚抚恤工作。无论战时还是平时，优抚抚恤工作的主要任务包括拥军优属，密切军政军民关系；妥善安排好所有优抚对象的生产、生活，帮助提高思想觉悟；褒扬烈士，抚恤伤残战士等。优待抚恤工作解除了部队后顾之忧，鼓舞了士气，支援了部队建设，也提高了广大人民群众的拥军优属观念，发扬这一优良传统，培植了拥军优属的社会风气。

中国工农红军是一支英勇善战、军纪严明、服务于民、秋毫无犯的人民军队。在红军初期就编制了"红军法规"，明确规定红军的任务、军事工作系统和政治工作系统的关系，红军和人民群众的关系，士兵会的权能及其与军事政治机关的关系。毛泽东指出："红军绝不是单纯地

打仗，它除了打仗消灭敌人的军事力量外，还要担负着宣传群众、组织群众、武装群众、帮助群众建立革命政权以至于建立共产党的组织等项重大的任务。"① 在红军初创时期，部队就被要求对待群众要说话和气，买卖公平，不拉夫、不打人、不骂人。1928年，毛泽东对在井冈山的工农红军规定了"三大纪律"和"六项注意"。"三大纪律"是指：第一，行动听指挥。第二，不拿工人农民一点东西。第三，打土豪要归公。"六项注意"是指：上门板、捆铺草、说话和气、买卖公平、借东西要还、损坏东西要赔。1929年后，毛泽东又将"三大纪律"中的"不拿工人农民一点东西"改为"不拿群众一针一线"，"打土豪要归公"改为"筹款要归公"，后来又改为"一切缴获要归公"。对于"六项注意"增加了"洗澡避女人"和"不搜俘虏腰包"两项内容，从而成为"三大纪律""八项注意"。因此，中国工农红军深受人民群众的爱戴，各级政府对红军家属、烈属、残废军人、退伍军人实行优待，在政治上予以荣誉，在生活上给予代耕、抚恤等，形成了民拥军、军爱民、军民一家的良好社会风气。

各根据地在总结本地拥军优属经验的基础上，开始制定一些优抚条例。例如，1929年鄂西苏区颁布《优待红军家属及优抚伤亡实施条例》，1930年闽西苏区颁布《优待红军士兵条例》，1931年鄂豫皖特区颁布《红军战士伤亡抚恤条例》等，这是我党历史上最早的地方性优抚法规。1931年11月，第一次全国苏维埃代表大会通过了《中国工农红军优待条例》与《红军抚恤条例》。这是新民主主义革命时期中央制定的最早的优抚法规，它统一了各根据地的优抚措施，将优抚工作提升

---

① 毛泽东. 关于纠正党内的错误思想［M］//毛泽东. 毛泽东选集：第一卷. 北京：人民出版社，1991：86.

到了一个新的水平。其在中央军区和军一级军事委员会设立负责褒扬烈士及其家属优待抚恤等工作的机构——抚恤委员会。结合《优待红军家属条例》及《优待红军家属礼拜六条例》等优抚法规,搞好对红军家属、烈属的优待、抚恤和伤残红军的抚恤工作,成为中国共产党领导、民政部门负责的优抚工作的开端。

中央及各级政府非常重视优抚工作,为贯彻落实好这些条例,做了大量的宣传教育工作,采取了很多有力措施,这些红军优待法规逐步得到了人民的拥护。例如,对红军战士及其家属分给房屋、包耕代耕;给红军战士及其家属义务劳动;免纳其苏维埃共和国的一切捐税;免纳房屋租金;商品缺乏时有优先购买权;红军子弟读书免交学费;红军可休养和退职退休;安置残废军人;抚恤红军战士褒扬革命烈士;保护军人婚姻等。在对于红军抚恤方面,成立抚恤委员会负责红军战士的退职休养待遇,制定及发放残废、伤病亡及抚恤证书等。为了贯彻条例,中华苏维埃中央执行委员会特以毛泽东主席的名义,发布了第九号训令,确定了19项贯彻执行办法,指示各地苏维埃政府认真贯彻执行。这些措施对于推动条例的实施有积极作用。

1932年1月,中央革命军事委员会发布《关于组织抚恤委员会的训令》。1933年11月,中央内务人民委员部命令颁布了《优待城市红军家属的办法》。1934年2月,中华苏维埃共和国临时中央政府人民委员会主席张闻天发布命令公布《优待红军家属耕田队条例》。这些法令法规对于优抚工作都做了进一步明确而具体的规定。因此,各地苏区对红军战士及其家属都给予了热情关怀和无微不至的照顾,分给他们土地、山林、房屋。对于缺乏劳动力的红军家庭,乡苏维埃政府组织人力帮助其耕种、代耕、包耕,并且免征红军家属捐税,优先购买商品、食盐、布匹等稀缺物资。为了更好地做好优抚工作，区以下成立了"优待红军家属委员会"，颁发《红军家属优待证》，对在战争中牺牲的烈士家属和因战致残、致病的退伍红军战士，政府发给抚恤粮和补助款，保证他们的生活。这些做法，大大鼓舞了红军战士的士气，有力地支持了革命战争。土地革命战争时期开创的优待抚恤和拥军优属成为民政优抚工作的开端。

（二）组织选举工作为各根据地政权建设积累了初步经验

1928年7月，中国共产党"六大"通过的《苏维埃政权组织问题决议案》提出："苏维埃应在劳动群众直接选举的基础上组织起来。"根据这一指示，各个革命根据地在创建苏维埃政权时积极开展民主选举活动，并制定相应的选举条例，确保选举有法可依。例如，早在1930年2月，闽西革命根据地就制定了《闽西工农兵代表会（苏维埃）代表选举条例》，规范各项选举事宜。

中华苏维埃共和国成立后，临时中央政府以《中华苏维埃共和国宪法大纲》为立法依据，在中央苏区着力推行了苏维埃代表的民主选举制度。为此，在1931年11月颁布实施了《中华苏维埃共和国的选举细则》，1931年12月出台了《中华苏维埃共和国选举委员会工作细则》，以及一些有关选举的指示、训令等，从而为各个苏区的民主政治建设打下了坚实的基础。

1933年8月，中华苏维埃中央执行委员会第一次全体会议通过了《苏维埃暂行选举法》。《苏维埃暂行选举法》是中央苏区制定的最完善的一部选举法，它详细规定了选举的原则、程序、组织和方法，以较为充实的内容和相对完善的形式把选举制度提升到一个新高度，开创了人民民主选举的先河。依据《苏维埃暂行选举法》的规定，选举权和被

第一章　新民主主义革命时期民政工作的产生与演变（1927—1949年）

选举权是公民权利中最基本、最重要的权利，凡居住在中华苏维埃共和国领土内，在选举的日子，年满16岁的①，无男女、宗教、民族的区别，都享有选举权和被选举权。而且，还明确这种权利属于劳动群众，不给剥削者和反革命分子。这充分体现了苏维埃制度的人民民主本质。对于雇佣他人劳动的谋利者，如富农、资本家及其家属；不以劳动而靠资本、土地及别的产业盈利为生活者，如豪绅、地主、高利贷者、资本家及其家属；经法庭判决有罪，而在执行判决期间及被剥夺选举权的期限未满期者等群体，则明确规定剥夺其选举权和被选举权。在选举各级苏维埃代表的比例方面，工人群众同农民群众都有一定比例的规定，体现了无产阶级的领导。例如，乡苏维埃，工人群众每13人选举正式代表1人，其他群众每50人选举正式代表1人。人口不满500人的乡，工人群众每8人选举正式代表1人，其他群众每32人选举正式代表1人。区属市苏维埃，工人群众每13人选举正式代表1人，其他群众每50人选举正式代表1人等。②

在土地革命战争时期，中央苏区的民主选举是人民当家做主的首次预演，其推动的民主选举制度影响深远。很多地方的工农群众认识到苏维埃是民众自己的政权，因此都积极参与选举，选民参与率在80%以上，在兴国县、上杭才溪区、瑞金武阳区平均到会的选民甚至都在90%以上。工农劳苦大众通过《苏维埃暂行选举法》取得了这样的民主权利，在中国历史上还是第一次。《苏维埃暂行选举法》对革命根据地以及人民群众的社会生活都产生了广泛影响，不仅提高了

---

① 当时将参选年龄设置在16岁以上，是为了保证选举更具有广泛的代表性，吸引尽可能多的工农群众积极地参加选举，最大程度地夯实苏维埃政权的群众基础。
② 付强.《苏维埃暂行选举法》开创人民民主选举先河 积累了民主选举丰富经验[EB/OL].大江网-新法制报，2021-06-16.

工农群众的民主意识和参政热情，还促进了各个根据地及苏区的战争动员，有力地支持了革命战争。同时，选举运动还与各根据地的经济建设相联系，选举产生的各级政府积极推动经济建设的发展，进一步巩固了苏维埃政权。

各根据地、苏区依据《苏维埃宪法大纲》《中华苏维埃共和国地方苏维埃暂行组织法》《苏维埃暂行选举法》《中华苏维埃共和国选举委员会的工作细则》等规定，按照民主集中制的原则选举产生工农兵代表组织苏维埃政权，搞好区、乡苏维埃基层政权、村组织建设，以及乡苏维埃下设各组织的建设工作。这一时期，中央苏区的民主选举是中国共产党选举历史上，首次以农民作为参与主体而大胆进行的、自下而上的、具有浓厚阶级色彩的、新民主主义性质的政治选举实践。中央苏区的民主选举法，对于人民行使自己的民主权利作出了有权利、有保障的规定，积累了民主选举的丰富经验，充分体现了苏维埃政权的人民性和民主性，对于推进新时期中国特色社会主义选举制度建设大有裨益，这个时期的选举积极成果为中华人民共和国政权建设提供了宝贵的经验。民主选举是实现广泛民主、人民当家作主的集中体现。民政部门负责组织选举的各项具体工作，为后续进行的政权建设积累了初步的实践经验。

（三）婚姻法、婚姻管理开创婚姻自主的先河，建立新型婚姻关系制度

1927年至1934年，中国共产党先后在湘、赣、闽、粤、豫、皖广大农村地区创建了十几个革命根据地，鼎盛时期的辖区人口达到上千万。这些地区多为偏僻的农村地区，社会文化十分保守，大部分妇女生活在传统农业社会中的底层，没有经济地位和人身权利。中国共产党认为，动员广大劳动妇女，为反对其在旧的封建制度中所处的附属地位而

斗争，不仅可以提高广大人民群众的阶级觉悟，还可以动员农民群众积极参与、支持革命。因此，中国共产党在建立革命根据地、发动土地革命的同时，将妇女解放列为社会革命的中心任务之一，在根据地大力推动妇女运动的蓬勃发展。这一时期，中国共产党领导的苏维埃政府颁布和实行了一系列保护妇女的条例和法规，其中对婚姻制度的改造是中国婚姻发展史上的一次彻底革命。

中央根据地（苏区）等的婚姻制度变革以1931年11月中华苏维埃共和国临时中央政府的成立为界，可以划分为两个时期。在此之前由各根据地苏维埃政府或其代表机关分别制定和颁布有关婚姻制度，以解放妇女为基本原则，并在当地大力施行；此后则是以《中华苏维埃共和国宪法大纲》为依据，吸收各根据地苏维埃政府前期改造婚姻制度的经验，使妇女解放的内容更加丰富和充实。

1931年12月，中华苏维埃共和国中央政府颁布了《中华苏维埃共和国婚姻条例》，该条例是在中国共产党领导下、以中央政府名义颁布的第一部婚姻法。此后，苏维埃政府又对该条例进一步修改完善。1934年4月，《中华苏维埃共和国婚姻法》公布，并在各革命根据地实施。该法肯定了由《中华苏维埃共和国婚姻条例》确立的婚姻原则和制度，即实行男女婚姻自由、男女平等、一夫一妻制，废除一切包办、强迫和买卖婚姻制度。禁止童养媳，废除旧社会男尊女卑、"夫为妻纲"的封建制度的族权、神权、夫权；提倡在政治地位、经济地位、生活地位实行男女平等；保护红军战士的婚姻关系及家庭，保护妇女和儿童的合法权益等。该法还对结婚、离婚以及离婚后子女与财产处理等问题做了具体规定。

《中华苏维埃共和国婚姻条例》与《中华苏维埃共和国婚姻法》的

贯彻落实，主要是在中国共产党、中央政府以及各级苏维埃政府的领导下，由民政部门负责具体实施。《中华苏维埃共和国婚姻条例》规定，男女结婚须到乡苏维埃进行登记，领取结婚证；男女离婚须到乡苏维埃政府或者市苏维埃政府登记。在以后的抗日根据地、解放区也都相继沿袭并执行了《中华苏维埃共和国婚姻条例》《中华苏维埃共和国婚姻法》以及中央革命根据地所创立的婚姻制度，由民政部门进行婚姻登记，加强婚姻关系、婚姻制度的管理。

中央革命根据地以及各苏区的婚姻变革是一场深刻的妇女解放运动，它涤荡了延续几千年的封建婚姻陋习，是中国历史上首次对旧社会婚姻制度的全盘否定。这次婚姻改革帮助广大女性打破了封建婚姻的枷锁，赋予了她们前所未有的人身自由，激发了广大妇女的生产积极性和革命热情。她们积极投身革命，参加苏维埃建设，为中国共产党赢得了底层民众的大力支持，奠定了广泛的群众基础，为革命胜利积蓄了力量。《中华苏维埃共和国婚姻法》的立法精神推翻了以男子为中心的"夫权"支配，其所确定的婚姻自由、一夫一妻、男女平等、保护妇女和儿童合法权益等原则，成为后来中华人民共和国制定《中华人民共和国婚姻法》的重要依据和参考。民政部门所主管的婚姻登记管理，对形成一种自由、美满、幸福、和谐的新型婚姻家庭关系发挥了重要作用。这次婚姻改革影响深远，为我国制定婚姻法律提供了宝贵的历史经验。

第二节 全面抗战时期的民政工作
（1937—1945年）

1935年10月，中央红军长征到达陕北后，陕甘苏区得到巩固与发展，陕北成为革命根据地的中心。1936年"西安事变"的和平解决标志着抗日民族统一战线建立的开端。为团结抗日，中国共产党经过与国民党政府的多次谈判，1937年3月将陕甘苏区改为陕甘宁特区，5月改称陕甘宁边区。"七七事变"后，在中国共产党的推动下，国共合作的抗日民族统一战线正式形成，全国进入全面抗日战争时期。9月，边区政府正式成立，下设民政厅。在抗日战争时期，民政工作的中心任务就是要为抗日战争和解放区根据地建设服务，包括建设基层政权，动员根据地人民群众参军，建立发展民兵和人民自卫队；组织动员人民群众战胜各种自然灾害和灾荒，开展大生产运动等。民政工作在打倒日本帝国主义，巩固扩大抗日民主政权，支援战争和人民军队发展等方面都发挥了积极作用，为取得抗日战争的胜利作出了巨大贡献。

一、全面抗战时期的民政机构与民政工作

伴随日本侵华范围的不断扩大，国共第二次合作进行了全面抗战，抗日战争全面爆发。随着抗日根据地的开辟，中国共产党开始按照

"三三制"原则①建立抗日民主政权。在各级抗日民主政权中，民政机构都是各级政府的重要部门，继承和发展了土地革命战争时期的民政业务，并基于抗日战争的需要进行调整，依然承担着干部管理、优抚安置、户籍管理、婚姻登记、社会救济等事务，成为政府工作的重要组成部分，对取得抗日战争的胜利发挥了相当大的积极作用。

（一）抗日战争时期的民政职责机构

中国共产党领导的中国工农红军胜利到达陕北后，革命形势有了新的发展。在抗日战争时期，共产党放手发动群众，壮大人民革命力量，南方增加了湘赣、琼崖、湘鄂川黔等根据地，北方增加了陕甘宁等根据地。在敌后逐步建立和巩固了陕甘宁、晋察冀、晋绥、晋冀、鲁豫、山东和华中等抗日根据地。在各个抗日根据地边区政府（革命政府）的基础上，中国共产党又按照"三三制"原则建立了新的各级地方抗日民主政权，推动民主建政。

陕甘宁边区是全国抗战的中心和抗日根据地的总后方，陕甘宁边区政府（其前身是中华苏维埃政府）领导着晋察冀、晋冀鲁豫、晋绥和山东四大抗日根据地及其边区政府，也领导着华中、华北、华南三大敌后抗战战略区。共产党在抗日根据地建立的民主政府，一般分为县、区、乡三级。行政主任公署（简称"公署"）和行政督察专员公署（简称"专员公署"）是边区政府的派出机关；区公所（区署）是县

---

① "三三制"原则，即在民主政权组成人员的分配上，共产党员、非党员的左派进步分子、中间分子各占1/3。共产党员代表工人和农民，左派进步分子代表小资产阶级，中间分子代表民族资产阶级和开明绅士。实行"三三制"有利于团结各阶层人民参加抗战。1940年3月6日，中共发出毛泽东起草的关于《抗日根据地的政权问题》的党内指示：在政权工作人员中，共产党员、非党的左派进步分子和中间派应各占三分之一，实行"三三制"。

政府的辅佐机关；乡以下的村（晋察冀边区、晋冀鲁豫边区的村同其他边区的乡，乡下的闾同村）组织不是一级政权，只是辅佐乡政府工作的机构。

在各级政府和行政机构中，都设有相应的民政机构。边区政府（或行政委员会）设置民政厅（处），行署设立民政处，专署和县则设民政科，基层政权是区、乡、村。例如，陕甘宁边区政府设有民政厅，民政厅设厅长1人，综理该厅事务；必要时设副厅长1人，佐理该厅事务，秘书若干人。厅下分科办事，设立有民政科、干部科、行政科、地政科、社会科等，后民政厅增设卫生处，指导全边区卫生计划。晋察冀边区行政委员会设有民政处，设置处长1人，主任秘书1人，秘书若干人，处下分科办事。民政处和下设各科可视工作需要增设副职。山东战时行政委员会、晋绥（晋西北）行政公署和华中各行署都设有民政处。民政处和财政处、建设处、教育处并称为边区政府的四大常设机构。

公署（晋察冀边区行政委员会下设政治主任公署）和专员公署是边区政府的派出机关或代表机关（山东省行政公署是该区最高行政机关，由行政区临时参议会选举产生）。各公署内部机构设置不一，但都设有民政机构，行署设置民政处（科）；专署设置民政科。民政处（科）长参加行政会议或政务会议，讨论决定重大事宜。县政府民政机构叫第一科、民政科或总务科。陕甘宁边区政务会议规定，凡未经县参议会正式选举县政府委员会的县，均设立县务委员会，下设机构有秘书室和民政、财政、教育、建设、保安5股，裁判司及保安大队。区公署（晋察冀边区为区公所，山东为战时县辖区公所）是县政府的派出机关或协理机关（晋察冀称为辅佐机关）。各区设区长1人，必要时设副区长1人，区长负责本区行政事务。区长下设助理员3—5人，分掌民政、财政、教育、实业。乡（市）政府中一般设有民政委员会或民事委员会负责民政工作，设主任1人、委员2—4人。

抗日战争时期，在抗日根据地建立的民主政权不仅层层建立民政机构，而且民政的工作任务、职责范围也有了较为明细的划分。《陕甘宁边区政府组织条例》规定边区政府民政厅掌理的事务如下：（1）关于任免县市行政人员提出意见。（2）关于土地行政事项。（3）关于警察行政事项。（4）关于选举事项。（5）关于户口之调查统计事项。（6）关于卫生行政事项。（7）关于赈灾、抚恤、保育及其他社会救济事项。（8）关于婚姻登记及礼俗、宗教事项。（9）关于劳资及租佃争议事项。（10）关于禁烟禁毒事项。（11）关于人民团体之登记事项。①

晋冀鲁豫边区民政处掌管12项工作，具体包括：（1）提请任免并奖惩行政人员事项。（2）管理土地行政事项。（3）管理户籍之调查登记事项。（4）筹办选举事项。（5）管理卫生行政事项。（6）管理赈灾、抚恤、优抗、保育及其他社会救济事项。（7）管理婚姻登记及礼俗宗教等事项。（8）管理劳资租佃争议等事项。（9）管理战争动员及军事交差等事项。（10）管理各人民团体之登记事项。（11）管理取缔娼妓、赌博、缠足及禁烟禁毒等事项。（12）管理动员人民及其他有关事项。②

晋察冀边区规定民政处的职责是：各级政府和村政机构的改革与健全；各级政府编制经费、颁发印信、购枪买马；行政干部任免、调动、考核、奖惩、训练、褒恤、保险、救济、行政区划、选举、优抚、战

---

① 甘肃省社会科学院历史研究室. 陕甘宁革命根据地史料选辑：第一辑［M］. 兰州：甘肃人民出版社，1981：28-33.
② 《晋冀鲁豫边区政府组织条例》第十五条。1945年3月9日边区参议会首届大会通过，同年4月1日公布实施。

勤、民兵武器弹药、劳资、土地、社团、民族、宗教、社会礼俗、社会治安、妇女、儿童、婚姻、敌伪工作、卫生行政、户籍、禁烟禁毒等。① 边区政府民政机构除上述职责外，还掌管人民武装、兵役及战时动员、战时邮政交通、少数民族事务以及协助财政部门筹划征收公粮等。

各行署、专署和县政府民政机构的职掌大致上同上级民政部门相当。基层政权组织乡（市、村）政府一般都设有不脱产的民政委员会。民政委员会负责户籍、地政、租息、选举、优待、抚恤、救灾、卫生、婚姻、禁烟、禁毒、风俗、除奸、调解、空室②等具体工作。③

伴随着战争和革命形势的发展，抗日战争时期民政工作的内容有所调整变化，但是，民政机构作为各级政府机关的职能部门，始终是常设机构，民政机构同财政、建设、教育、粮食并称为"民、财、建、教、粮"五大机构，其中民政机构排名首位。民政机构、民政工作内容以及民政工作的地位和作用较之土地革命战争时期有了较大的发展和突破。

二、全面抗日战争时期民政工作成就

在抗日战争时期，共产党领导的抗日根据地民主政府按照"三三制"原则组建起来。党领导下的各级政府都建有民政机构，负责开展各项民政工作业务。民政机构成为各级政府的重要部门，民政事务成为政府工作的重要组成部分，在多方面开展了富有成效的工作，在壮大抗

---

① 《民国三十一年北岳区第一次民政科长会议讨论总结》，晋察冀边区行政委员会印。
② 空室是指在对敌斗争时，把家里的东西和田里的农产品藏起来，使敌人到来后什么也得不到，什么也利用不上。
③ 《晋察冀边区县区村组织条例》，1943年1月21日边区第一届参议会通过，2月4日边区行政委员会公布。

日力量、巩固抗日民主政权、支援抗日战争和人民军队发展等方面也都发挥了重大作用。

(一)继承发扬苏维埃政府的优抚安置传统,并推动其不断进步和完善

在土地革命战争时期,共产党领导的优抚安置制度初步创立,在促进红军发展壮大、密切军队和人民的关系以及维护后方社会稳定等方面作出了重大贡献。人民军队的优抚安置工作在抗日战争时期在不断进步中取得了新的发展。

国共合作进行抗日战争后,蒋介石对共产党的敌意以及亡共之心不死。他在1937年就提出"要在抗日战争中消灭共产党力量2/3"。国民党顽固派除派遣特务、收买土匪等反动武装进行颠覆边区的活动外,还直接制造摩擦事件,袭击党政机关和人员,不断蚕食边区。面对国民党顽固派的进攻,党中央的方针是既不破坏统一战线,又不束缚自己的手脚,"有理、有利、有节"地粉碎了顽固派的阴谋,取得了反摩擦反蚕食斗争的胜利,并巩固了边区。

陕甘宁边区的军队源于人民,是穿上军装的农民,其宗旨与人民利益一致。"我们的兵是穿起军装的武装农民,军队即是穿军服带武装的人民集团。"① 有了广大人民群众的支持,军队的兵源才能源源不断。为此,既要处理好军民关系问题,保证兵源,又要处理好牺牲、伤病及退役军人的优抚安置问题,还要解决好军人家属的优待问题,以消除前方作战将士的后顾之忧,使其安心作战,同时维护好后方社会秩序的稳定。这样,就对完善优抚安置政策、加强优抚安置工作提出了新的、更高的要求。

---

① 中共中央文献研究室编辑委员会. 朱德选集 [M]. 北京:人民出版社,1983:161.

<<< 第一章 新民主主义革命时期民政工作的产生与演变（1927—1949年）

1937年8月，中共中央在发表的《抗日救国十大纲领》，就提出了"改良抗日军人的待遇"①的政治主张。陕甘宁革命根据地继承和发扬了土地革命战争时期苏维埃的光荣传统，使得优抚工作得到进一步发展。1937年12月，陕甘宁特区政府制定《抗日军人优待条例》，对抗日军人在服役期间的优待作了如下规定："本人和家属免纳一切捐税"，"家属居住公家房屋免交租金"，"本人与家属均享受公家商店1%减价商品之优待，在物品缺乏时有优先购买权"，"乘坐轮船、火车、汽车之费用由公家发给"，"子弟读书免交一切费用"，"因伤病需休养者，休养费由公家供给"；抗日"军人服务5年以上、年满45岁可退职休养，给补助终身生活；本人不愿退伍而继续服务者，应得特殊优待，由民政厅发给特别优待证书"。军属如缺乏劳力，由群众尽代耕代收的义务。对于"因战争受伤残废得入残废院休养，一切生活费用由公家供给；不愿居残废院者由政府按年给终身抚恤费"。对于死亡、残废者家属，其"子女弟妹幼小的免费入政府设立之抗日军人遗族学校②，直至年满18岁由政府介绍职业为止"，"家属继续享受本条例关于优待抗日军人家属之规定"。对抗日军人牺牲或因劳病故作出了如下规定："一、凡死亡战士，应将其死亡时间、地点、战役、功绩，由政府汇集公布。二、死亡战士之遗物应由政府收集在革命历史博物馆中陈列，以表纪

---

① 中央档案馆.中共中央文件选集：第11册［M］.北京：中共中央党校出版社，1991：329.
② 这里提到的"遗族学校"，是1928年创立于南京中山陵园，在宋庆龄和宋美龄共同关怀下建设和开办的"南京国民革命军遗族学校"，简称"遗族学校"。这是一所革命烈士子弟学校，专门收容北伐战争中阵亡将士的子女和辛亥革命中壮烈牺牲的烈士后代，由国家统一培养教育，以告慰先烈的在天之灵

念。三、死亡战士应由当地政府帮助收殓并立纪念碑。"① 这个条例的颁布,为边区拥军优属和抚恤工作提供了政策和法律依据,揭开了抗日战争时期陕甘宁边区推动优抚安置工作进步的序幕。

1939年12月,陕甘宁边区第二次党代会作出了《关于拥军和扩大八路军的决定》,动员全边区人民进行拥护与扩大八路军的热烈运动,充分保证八路军粮草和被服之供给,切实执行优待残废战士的办法。1943年1月,陕甘宁边区政府颁布了《关于拥护军队的决定》。政府主席林伯渠在《解放日报》发表《造成拥军热潮,增强拥军工作》的文章,为边区拥军运动的开展指明了方向。为深入开展拥军活动,陕甘宁边区政府决定1943年1月25日至2月25日为边区拥军运动月(即第一个拥军运动月),并确定以后每年农历十二月下旬至正月中旬为边区的拥军运动月。政府开展的拥军活动与部队开展的拥政爱民活动相结合,成为我国双拥活动的起源。1943年2月,陕甘宁边区政府发布《简政实施纲要》,规定了拥军工作方针。在拥军运动月里,陕甘宁边区政府还颁发了《拥军月指示》《拥军月具体办法》《拥军公约》等具体规范。

1937年陕甘宁特区政府颁布的《抗日军人优待条例》是边区最早涉及抗日军人退伍安置问题的法律文件,其中第四条规定了退伍的条件和待遇。1940年边区政府颁布的《陕甘宁边区抚恤暂行办法》(以下简称《办法》)对边区内直接参战的抗日战士的老病伤亡及其家属优待作出了规定。《办法》不仅明确了适用对象,还增加了申请的程序和划分等级状况的内容,明确:"凡抗日战士因革命牺牲者,由该主管部属

---

① 胡民新,李忠全,阎树声. 陕甘宁边区民政工作史[M]. 西安:西北大学出版社,1995:253.

<<< 第一章 新民主主义革命时期民政工作的产生与演变（1927—1949年）

首长填具详细证明表，转所属优待抚恤委员会依法办理"，"凡持有原残疾证书或医院证明表不合法定等级或有疑难者，各级抚恤委员会得停缓换证，随时与就近医生共同检查，另行判决其等级"。还规定："其他各抗战工作服务人员，经该主管部属首长依法证明，转请边府民政厅考查确实批准者亦适用之。"①

1941年以后，随着陕甘宁边区精兵简政的实施，边区政府先前所颁布的各项政策已不能满足退伍军人的安置需求。1942年，陕甘宁边区政府出台了专门的军人退伍安置办法，即《陕甘宁边区抗日军人退伍条例（草案）》。这个条例确定了退伍军人的范围，规定了抗日军人退伍的条件、批准机关和办理机关，并严格退伍程序，规范退伍军人安置和优待办法，同时还规定了停止优待退伍军人的五种情况。② 该条例的内容比此前的规定更为全面、具体，措施更为科学、合理，可操作性更强，为退伍军人安置工作提供了法律依据，有利于安置工作的顺利开展，标志着抗战时期陕甘宁边区军人退役安置制度的建立。

优待抗日军人家属也是边区政府优抚工作的一项重要内容，也是加强抗日军队建设的一项重要举措。1937年11月，陕甘宁边区民政厅训令各级政府，要切实解决抗属困难，加强对抗属的政治教育。③ 1939年4月颁布的抗战时期施政纲领规定："要使抗日军人安心作战，必须优

---

① 雷志华，李忠全. 陕甘宁边区民政工作资料选编［M］. 西安：陕西人民出版社，1992：574-575.
② 雷志华，李忠全. 陕甘宁边区民政工作资料选编［M］. 西安：陕西人民出版社，1992：240-243.
③ 胡民新，李忠全，阎树声. 陕甘宁边区民政工作史［M］. 西安：西北大学出版社，1995：123.

待抗日军人家属。"① 1941年2月，边区民政厅召开各县一科长（民政科为各县的第一科）联席会议，专门讨论优属工作。3月，边区民政厅发出《为优待抗属组织代耕工作给各县的指示信》，提出了各地政府组织代耕时遵循的原则，强调要确立抗属优先的原则。8月，边区政府又公布《陕甘宁边区优待抗属代耕工作细则》，进一步细化代耕工作，保证抗属收获，加强代耕效力。1943年1月，边区政府重新修订颁布了《陕甘宁边区优待抗日军人家属条例》，其优待原则是：在抗日军人家属、抗日工作人员家属同受优待的情况下首先优待抗属；对享受优待的抗属"要尽力保障其物质上的普通水平生活，并注意从政治上提高抗属向自力更生方向努力"②。这些法规使优待抗日军人家属工作走上了法制化渠道，有力地推动了抗日军人家属优待工作的开展。

1945年1月，边区政府发布《关于1945年拥军优抗工作的指示》，提出，边区拥军优抗运动，已开始进入经常性的群众工作。在优抗工作上采取代耕、包耕、代粮、打柴、担水等办法，解决了大部分抗属生活中的困难。但要注意具体帮助贫苦抗工属与退伍残废军人建立家务；加强代耕工作；建立经常的归队工作，纠正某些下级政府对归队工作消极等待观点和某些群众徇私包庇现象；开展拥军运动月活动等。陕甘宁边区优抗政策的落实，保障了抗日军人家属的基本生活，消除了抗日军人的后顾之忧，维持了后方的社会稳定，同时也鼓舞着边区青年更加踊跃地参军参战，英勇作战。

---

① 胡民新，李忠全，阎树声．陕甘宁边区民政工作史［M］．西安：西北大学出版社，1995：128.
② 雷志华，李忠全．陕甘宁边区民政工作资料选编［M］．西安：陕西人民出版社，1992：244-248.

<<< 第一章 新民主主义革命时期民政工作的产生与演变（1927—1949年）

抗日战争时期的优抚安置工作紧紧围绕党的中心任务而展开，受到边区党和政府的高度重视。优抚安置工作，首先，提高了抗日工作人员家属和退伍军人的生活水平，有利于积蓄抗日力量。其次，提高了抗日军人及其家属的社会地位，保障其生活对鼓舞群众参军参战和巩固边区军队起到了积极作用。最后，使得抗日军人受到莫大的鼓舞，激励了士气，提升了军队战斗力。在抗日战争时期，陕甘宁边区能够根据当时主客观条件，实施与生产力发展水平相适应的军人社会保障制度，而且能够在实践过程中根据实际情况不断探索新的措施和方法，这是我们应该借鉴的宝贵历史经验。

（二）基层政权建设经验为解放区特别是中华人民共和国的政权建设提供了重要参考

抗日战争爆发前，旧的封建势力牢牢把握着乡村政权，代表着地主阶级和士绅阶层等少数人的利益。如冀中地区乡村政权主要有三种形式：一是以封建宗法关系维系的家族制，乡长就是族长。二是牌户制，将村里划为4牌或8牌，设牌头包办村政事务，在牌头中推选村长，村长一般是世袭。三是闾邻制，以同姓亲族划分闾、邻而不受地理区域的限制，一般是家族族长担任闾长和邻长管理村务。1938年1月，晋察冀边区行政委员会成立后，开始建设新型的抗日民主政权，开展了村政权的选举运动，逐步实现了从旧政权到抗日政权、从旧村长制度到抗日村长制度的转换。1940年6月，边区政府颁布《晋察冀边区县区村暂行组织条例》，废除了闾邻制，深化对晋察冀边区村政权机构的改革，通过村选，从根本上改造了村政权组织，打破了边区旧的村政权中村行政机关（即村公所）和村权力机关（即村民代表大会）分立的体制，转变为政权治权合二为一，统一行使的村民代表会议制度。这项措施解决了村公所和村代表会互相推卸责任的问题，提高了村政权机关的工作效率，降低了执政成本和不必要的行政支出。

1941年3月，中国共产党领导的苏南第一行政区率先颁布《村乡镇长选举法暂行条例》①，决定在所辖各村乡镇实施；3月，又颁布《村乡镇各级地方行政机关组织大纲》，对乡的范围、乡镇长的选举以及乡行政机关等都做了详细的规定②；4月，鄂豫边区第二次军政代表大会通过《豫鄂边区选举条例》《鄂豫边区各级人民代表大会组织条例》和《鄂豫边区县各级政府组织条例》；5月，淮北苏皖边区颁布《区乡临时行政委员会组织法》；6月，苏中行政公署公布《乡镇政府组织法》和《乡镇政府暂行选举法》；8月，苏中区行政委员会颁布《苏中区县以下各级代表会（县委参议会）组织法选举法（草案）》；9月，盐阜行署颁布《盐阜区乡政府组织法》。这些地方法规将基层政权建构在选举基础上，尤其"乡选是统一战线政权的彻底民主化，是一种政治组织的重大变革"③，选举成为中国共产党基层政权建设的重要方式。为推行民主政治，使基层政权真正成为人民管理、为人民服务的民主政权，新四军和华中抗日根据地各县区政府都开始将乡选作为施政工作重心。例如，为顺利开展乡选活动，华中抗日根据地颁行了一系列基层政权建设法规，推动着乡选的程序化。华中抗日根据地的乡选一般包括如下步骤：第一步，村选。乡选进行前，开展选举的乡要先进行村

---

① 苏南行政专员公署.苏南第一行政区村乡镇长选举法暂行条例[N].大众报（第171号），1941-03-01.
② 苏南行政专员公署.苏南第一行政区村乡镇各级地方行政机关组织大纲[N].大众报（第172号），1941-03-04.
③ 刘彬.关于乡选经验的初步总结（1943年5月7日）[A].盐城市档案馆藏，0003-000000-100020022.

选，取得村选经验后，再进行乡选。第二步，乡选动员。乡党支部是乡选动员的领导核心。各乡党支部一般通过召开村民大会、士绅座谈会或挨家挨户宣传等方式进行乡选动员，以提高广大群众的乡选热情，改变民众对乡选不热心的态度。第三步，乡级政权的行政划分与乡选试验。经过广泛地宣传动员后，乡选工作在各边区初步展开。为使乡选活动取得成功，要确定乡级政权的行政区划，并开展乡选的试验。第四步，组织乡选委员会与公民登记。在确定乡的行政区域范围，进行户口登记后，开始组织乡选举委员会。乡选委员会一般由7—11人组成，设正、副主任，委员一般应包括乡农救代表、工抗代表、青抗代表、妇抗代表、民兵代表、学校代表、士绅代表等。选委会成立后，其"主要工作是进行公民登记的公布，要求标准是不漏一个乡公民，负责认真，反对粗枝大叶，同时在登记中不放松宣传动员工作的时机"①。公民资格确认后，即开始公民登记、划分选区，并公布选民名单。第五步，提名候选人与召开乡民代表大会。提名候选人，召开代表大会，进行乡选，组织乡政府。② 到1944年年底，华中抗日根据地的乡选取得了初步成效，各地基层政权普遍建立起来。

根据1942年1月边区参议会通过、边区政府公布的《陕甘宁边区乡市政府组织暂行条例》和1943年10月公布的《修正陕甘宁边区乡（市）政府组织暂行条例草案》的规定，各抗日根据地（边区）的基层政权组织为乡（市）政府和村政府。乡市（等于乡或等于区的市）政府根据地域面积和人口多寡分为甲、乙、丙三等。乡市基层政权之下的

---

① 刘彬. 关于乡选经验的总结（1943年5月7日）[A]. 盐城市档案馆藏，0003-000000-100020022.
② 曾凡云，叶美兰. 华中抗日根据地乡选的历史考察[J]. 民国档案，2021（03）：59-62.

群众组织，在陕甘宁为行政村和自然村，在晋察冀边区村之下设闾等。各边区的基层政权组织是在抗日民族统一战线的"三三制"原则指导下建立起来的，基层政权组织在做好拥军工作的同时，对发展经济文化事业、巩固和保卫新生抗日民主政权等方面也都发挥了重要作用。作为基层政权的乡级政权与人民群众关系最为密切，是实行民主政治的基础。因此，开展以乡选为中心的基层政权建设，目的在于"改变几千几百年的封建势力专政"，推翻保甲制，把乡村民主政权建设成为"包括各阶层群众、密切联系起来抗日与民主的堡垒"①。同时，我党在抗日战争时期积累的基层政权建设经验，也为解放区特别是中华人民共和国的政权建设工作提供了重要参考和借鉴。

（三）社团组织建设管理的制度化标志着民间组织的管理初步走上了法制化的轨道

抗日战争爆发以后，陕甘宁边区的社团组织发展较为迅速。在党的动员和组织下，绝大多数边区群众都参加了不同类别的社团组织。1939年1月，林伯渠在边区第一届参议会上作政府工作报告时指出，各业工人95%加入了工会，农民全体加入农会，妇女70%以上加入了妇女救国会，青年绝大多数加入了青年救国会，商人组织了商会，儿童也组织了儿童团。此外，还有各种抗日救亡团体以及文化、技术性质的组织。边区的人民至少每人加入了一种组织，有的还加入了两个以上的团体。②

1939年4月，边区政府公布具有宪法性质的《陕甘宁边区抗战时

---

① 刘彬. 关于乡选经验的初步总结（1943年5月7日）[A]. 盐城市档案馆藏，0003-000000-100020022.
② 《延安民主模式研究》课题组. 延安民主模式研究资料选编[M]. 西安：西北大学出版社，2004：88.

期施政纲领》；1941年5月，边区政府又公布了《陕甘宁边区施政纲领》，其中都明确规定保障抗日人民的结社等自由。这为边区社团组织的成长发展提供了良好的制度环境。为促进社团组织的建设发展，党和边区政府还提供必要的现实支持与帮助。1939年1月，林伯渠在边区第一届参议会上所作的政府工作报告中指出："……政府则尽可能来帮助群众团体的发展和巩固。例如，在经费上协助群众团体，物质上分配办公房屋和开会场所给群众团体，替群众团体解决印刷机器、交通工具等需要。这样来保证人民集会、结社、言论、出版的自由。"①较之于土地革命战争时期，抗战时期很多社团组织都有着较为明确而完善的组织章程。例如，1938年3月，陕甘宁边区各界妇女联合会成立时发布的组织简章，分别包括总则、会员、入会资格及手续、组织原则、组织系统、代表大会、执行委员会、常务委员会、纪律、附则等方面。②

1937年8月，《中央关于抗战中地方工作的原则指示》颁布。其中提出："应该普遍组织合法的统一战线的人民参战团体，或将某些已经普遍存在的合法组织（如抗战后援会）转变为这类性质的团体。"在改造民间非法群众团体时，其首要任务是使其目的具有正当性，这是民间组织合法性的基础。1940年12月25日发布的《中央关于哥老会清帮工作的初步指示》强调："对于哥老会及清帮的政策，是在政治上提高他们，以达到组织上同化他们于革命进步团体之内的目的。"对不接受

---

① 《延安民主模式研究》课题组. 延安民主模式研究资料选编［M］. 西安：西北大学出版社，2004：88-89.
② 甘肃省社会科学院历史研究室. 陕甘宁革命根据地史料选辑：第一辑［M］. 兰州：甘肃人民出版社，1981：473-476.

"组织上同化"且游离于法律之外的民间非法组织,则成为被取缔的对象。①

1942年4月,《陕甘宁边区民众团体组织纲要》和《陕甘宁边区民众团体登记办法》发布。两个法规就社团的组织目标、组织原则、组织条件、经费筹措、登记条件、登记办法、与政府关系等进行了明确的规范。此后,针对部分未登记的民众团体,边区政府明令其限期登记。社团登记管理初步走向制度化,这标志着我党对民间组织的管理初步走上了法制化的轨道。

针对边区社团组织思想上的主观主义、组织上的形式主义、领导作风上的官僚主义等各种错误倾向,陕甘宁边区各民众团体在党的领导下有针对性地开展了整风运动。在整风运动期间,《解放日报》在1942年9月29日发表社论,指出了其工作中存在的问题和不足,要求各民众团体及其工作人员思想上要充分意识到自身工作的重要性,在实际工作中坚持把群众的共同利益与特殊利益统一起来,把民众团体的组织与领导统一起来,彻底纠正脱离群众的官僚主义、命令主义工作作风,并实行抓中心、不贪普遍、求精不求多的工作原则等②,以促进边区民众团体的健康发展。据1943年的不完全统计,全边区性质的社团已有55个。从类别上看,依据其活动和功能,边区社团可分为救亡、文化、反战、宗教、学术、研究和工、商、医、学十大类。③

---

① 潘怀平. 陕甘宁边区依法治理社会问题的历史经验[N]. 光明日报, 2016-04-04(07).
② 雷志华, 李忠全. 陕甘宁边区民政工作资料选编[M]. 西安: 陕西人民出版社, 1992: 419-421.
③ 胡民新, 李忠全, 阎树声. 陕甘宁边区民政工作史[M]. 西安: 西北大学出版社, 1995: 220.

(四) 用法律手段保护军婚,最大限度团结民众共同参加革命

1931年10月发布的《湘赣苏区婚姻条例》规定:"当红军官兵者,须在四年以上没信回家者,才许宣布离婚,违者按照刑法处以应得之罪。"同年11月,中华工农兵苏维埃第一次全国代表大会上通过的《关于中国红军优待条例》中第一次规定了军人同意为离婚的要件,"凡红军在服务期间,其妻离婚,必先得本人同意;如未得同意,政府得禁止之"。1934年4月公布的《中华苏维埃共和国婚姻法》规定:"红军战士之妻要求离婚,须得其夫无信回家,其妻可向当地政府请求登记离婚。在通信困难的地方,经过四年其夫无信回家者,其妻可向当地政府请求登记离婚。"这应是我国现行婚姻法中军人配偶要求离婚必须得到军人同意的源头。

抗日战争爆发后,为解除抗日军人及其家属的后顾之忧,边区政府民政厅制定了《陕甘宁边区抗属离婚处理办法》,于1942年12月由边区政府委员会第三次会议通过,1943年1月9日公布施行。该办法规定:"抗日战士之妻五年以上不得其夫音讯者,可提出离婚的请求,经当地政府查明属实,或无下落者,由请求人书具亲属凭证允许其离婚。""当发生抗属请求离婚时,必须尽力说明,如坚决不同意时,依照规定年限办理手续准予离婚。""抗日战士与女方订立的婚约,如该战士三年无音讯,或虽有音讯而女方已超过结婚年龄五年仍不能结婚者,经查明属实,女方可以提出解除婚约,但须经由当地政府登记。""军队政治机关,应提高战士对于婚姻问题的正确认识,经政府或司法机关登记判决离婚者,须劝说战士执行。"[①]

---

① 甘肃社会科学院历史研究室.陕甘宁革命根据地史料选辑:第一辑[M].兰州:甘肃人民出版社,1983:235.

1944年3月,《修正陕甘宁边区婚姻暂行条例》公布。这一条例比《陕甘宁边区婚姻条例》更全面、更符合边区的实际情况。其中第十条规定:"娶抗日军人有婚约之未婚妻者,其婚姻无效,并处二年以下有期徒刑","娶抗日军人配偶者,处三年以下有期徒刑"。第十一条规定:"抗日军人之配偶,在抗战期间原则上不准离婚,至少亦须五年以上不得其夫音讯者,始能向当地政府提出离婚之请求。当地政府接到此项请求者,须调查所属情况确实,始得准其离婚。但抗属之丈夫确已死亡者、逃跑、投敌或另行结婚者,不受此限制。抗日军人与女方订立之婚约,如男方三年无音讯或虽有音讯而女方已超过结婚年龄五年仍不能结婚者,女方得申请当地政府解除婚约。"① 需要指出的是,此规定中"抗属之丈夫确已逃跑、投敌或另行结婚者,不受此限制",属于军人一方有重大过错情形,是"战争时期有关规定中最为出色的一项内容"。

在抗日战争时期,1939年公布的《陕甘宁边区婚姻条例》、1941年公布的《晋察冀边区婚姻条例草案》、1943年公布的《山东省保护抗日军人婚姻暂行条例》以及《修正淮海区抗日军人配偶及婚约保障条例》等婚姻法规均有相关保护军婚的内容。边区政府用法律手段保护军婚,既能最大限度地团结民众共同参加革命,又有利于安定军心和民心,维护社会秩序的稳定。

(五)建立完善的禁毒法律制度体系,探索形成依法整治毒品的新路径

陕甘宁根据地(边区)所处的陕西省、甘肃省是近代以来烟毒泛

---

① 胡民新,李忠全,阎树声. 陕甘宁边区民政工作史[M]. 西安:西北大学出版社,1995:441.

滥十分严重的省份。在20世纪20年代末,陕西、甘肃两省的罂粟种植面积曾分别达到农田总面积的90%和75%。陕西每县几乎都具有生产3万两鸦片的能力,甘肃积存的鸦片可供全省使用15—20年,而且男女老少普遍吸食。① 除陕西、甘肃外,华北、华东、西南等地区的情况也较为严重。例如,华北地区河南省有108个县,在1927年前后,种植罂粟的县达到了全省的80%,其中豫东各县种植罂粟占耕地总面积的比例达到了50%。② 毒品种植泛滥带来了烟民的增多,1936年12月红军解放延安时,延安有烟民1500人以上,占居民的31%。时有民谣曰:"延安府,柳根水,十有九个洋烟鬼。"③

抗日战争时期,日本侵略者在进行军事侵略的同时,还有计划地制定实施毒化政策④,随着其侵华范围逐渐推进扩展到中国的大部分地区,烟毒也在这些地区进一步泛滥,中国毒品问题的加剧,给中国人民造成了极大的伤害。各种烟毒源源不断地以各种隐蔽方式从国统区、日占区渗透到中国共产党所领导的各抗日根据地,毒品走私活动泛滥,给抗日根据地造成了十分严重的危害,人民的身心健康及精神状况受到损害,正常的农业生产也随之受到影响。与此同时,烟毒泛滥也给各抗日根据地的经济建设、军事建设和社会秩序带来严重的负面影响,对根据地的建设发展、对整个抗日战争事业极为不利。因此,在根据地建设发展的过程中,如何处理罂粟种植泛滥以及解决民众对鸦片依赖等问题,

---

① 齐霁.中国共产党禁毒史(修订版)[M].上海:上海社会科学院出版社,2017:42.
② 苏智良.中国毒品史[M].上海:上海社会科学院出版社,2017:255.
③ 褚宸舸,薛永毅.陕甘宁边区依法治毒的历史经验[EB/OL],中国社会科学网-中国社会科学报,2020-09-02.
④ 毒化政策是指日本侵略者在日占区强迫人民群众种植鸦片,建立制毒工厂、设立烟馆,并且向国统区以及各抗日根据地贩卖、走私毒品。

就成为中国共产党必须面对的一个现实问题。

1937年10月,中国共产党在其发布的《抗日游击战争中各项基本政策问题》中明确将禁烟禁毒作为中国共产党抗战的基本政策之一。此后,中国共产党始终将禁毒工作作为党的中心工作之一,制定了一系列具体禁毒政策及相关禁毒措施并予以大力推行。各抗日根据地根据自身情况成立禁毒机构,对人民群众进行禁毒宣传教育,帮助吸毒人员进行戒毒并恢复生产,对毒贩则依法进行严厉打击。

1941年11月,边区政府主席林伯渠在边区第二届参议会第一次大会上的《边区政府工作报告》中提出:"二三年来(指1939年边区第一届参议会以来)法院受理的案件,刑事案件以破坏治安及鸦片犯为多。"中国共产党和边区政府将禁毒与抗战同等看待,视为"另一种民族解放的斗争"。其后,陕甘宁边区政府颁布《陕甘宁边区禁烟禁毒条例(草案)》,将1937年5月27日颁布的《苏维埃政府西北办事处关于禁止鸦片的布告》进一步细化、具体化。其不仅将"烟毒"的范围由鸦片扩大到吗啡、高根、海洛因及各种烟毒配合或化合丸药,而且首次以刑事单行立法的形式规定吸食或注射烟毒罪,种植鸦片烟苗罪,制造吸食或注射烟毒器具罪,抗拒执行禁烟禁毒职务罪,帮助或庇护他人吸食、注射及买卖烟毒罪,买卖或贩运烟毒罪,设立传播烟毒商店机关罪等7种涉烟毒贩罪,并规定了详细的刑罚,主刑最重可处死刑,使得打击毒品犯罪有法可依、有章可循,是边区第一部较为全面的禁烟禁毒法令。

边区政府制定的禁烟禁赌法规较多:1942年1月,《陕甘宁边区政府关于成立陕甘宁边区禁烟督察处命令》和《陕甘宁边区禁烟督察处组织规程》颁布;1943年5月,《陕甘宁边区禁烟督察处修正组织规程》和《陕甘宁边区查获鸦片毒品第三次修正办法》颁发；1943年秋，《陕甘宁边区政府禁烟督察处查获鸦片毒品奖金办法》出台；1943年11月，《陕甘宁边区政府为加强缉私工作的命令》发布；1945年5月，《陕甘宁边区政府严禁料面入境的命令》公布。据不完全统计，这一时期仅陕甘宁边区政府制定的有关毒品管制的政策法令就达30余个，涉及禁种、禁贩、禁售、禁吸等各个方面，较为全面系统地建构起党领导下的禁烟禁毒政策。这些禁烟禁毒法规法令，概括起来主要有以下方面：第一，严禁种植罂粟。第二，严禁制造毒品。第三，严禁买卖或贩运烟毒。第四，禁止或限制吸食及注射烟毒。第五，依法设立查禁烟毒机构。第六，奖励查获烟毒者和举报人。第七，严禁在禁烟禁毒中徇私舞弊，栽赃陷害。第八，规定了毒品犯罪的种类。第九，政府公务员、军人、学校教职人员从事毒品犯罪活动要从重处罚。第十，严禁与日寇勾结，以烟毒危害民族抗战。

戒烟戒毒是禁毒工作中最重要的环节之一，只有帮助吸毒者彻底摆脱对烟毒的依赖，才能有效推进抗日根据地的禁毒工作。因此，如何帮助烟毒吸食者解除毒瘾、远离毒品，是中国共产党在开展禁毒工作时极为重视的内容。中国共产党在抗日根据地着力推进成立不同规模的戒毒所、戒毒医院，帮助当地的吸食烟毒成瘾者戒掉烟毒，进而恢复正常的生活。

中国共产党领导的禁毒工作，不仅在实践中大大减轻了战时各抗日根据地的毒品泛滥情况，而且极大地稳固了各抗日根据地的经济建设与社会发展，为中华民族的抗战事业形成强大的助推力。尽管中国共产党在抗日战争时期没有能够完全彻底禁绝烟毒，但中国共产党的禁毒政策及相关措施的实施所取得的成效不能忽视，尤其是其在各个抗日根据地的禁烟禁毒工作对禁绝烟毒发挥了积极的作用。

（六）战时儿童保育工作造就了有用之才，学生全面发展理念推动了教育的进步

抗日战争时期，日寇对根据地进行残酷的"大扫荡"，使众多家庭流离失所，产生了大量的难童。而随着党政军干部队伍的扩大，其子弟的保育问题也提上了议事日程。1938年3月10日，700多名各界知名人士在汉口圣罗以女中召开了中国战时儿童保育会成立大会。为了国家和民族的命运，中国各界妇女也不甘示弱，为抢救教育战争灾难儿童纷纷组织生活团体，联合成立"中国妇女慰劳自卫抗战将士总会及中国战时儿童保育会""中国战时儿童救济协会""中华慈幼协会"等组织，创办了上百个儿童保育院、教养院和育幼院等保育机构。战区儿童转移到后方各省后，儿童保育会共设立了50多个保育院，救济协会、慈幼协会也设立了数10个保育院和教养院。她们在后方保育院培养教育儿童，充分发挥了广大女共产党人在保育战时儿童伟大事业中的先锋模范作用，为抗日救亡运动作出了重要的贡献。

在陕甘宁边区抗日根据地，中国共产党积极响应国统区"战时儿童保育总会"的工作，迅速筹备了陕甘宁边区战时儿童保育分会，并设立陕甘宁边区第一保育院。1938年10月，陕甘宁边区政府在延安柳林建立了"陕甘宁边区儿童保育院"，即延安保育院，毛泽东专门为保育院题字"好好保育儿童"和"为教育后代而努力"。党和边区政府的主要领导人对儿童保育工作十分关注，这既体现在对抗战时期儿童保育工作的重视，也体现在对儿童工作者的严格要求方面。陕甘宁边区设立的儿童保育机构形式多样，有边区政府主办的保育机构，有民众自办的保育机构，还有互助性质的儿童保育机构。形式虽然呈现多样化特点，

但是各院舍机构之间相互协作,其共同目标只有一个,就是确保战时儿童保育工作的顺利进行。

陕甘宁边区政府的民政厅设立保育科,在区乡政府也增设了保育员,专司孕母、产妇、儿童的调查、登记、统计、卫生、奖励、保护等工作。陕甘宁边区设立战时儿童保育会陕甘宁边区分会,晋察冀和华北其他各根据地也都建立了儿童保育分会。边区还设立了战时儿童保育院。延安的托儿所原设在柳林子,改组为保育院后在原址扩建,后为了更好地防空,另迁往更安全的地区。战时儿童保育院的组织系统一般为:院长归儿童保育总会领导,下设教育股、总务股和保育股,分管具体事务。

抗日战争期间,以保育事业为纽带,各党派和社会各阶层团结一致,众志成城共同抗击日寇。保育工作的开展,一方面,有利于抗日根据地儿童的健康成长,为中华民族培养后代;另一方面,为抗日军政人员解除了后顾之忧,使之可以更好地服务于抗战事业。共产党领导的保育机构在实践中把共产主义理想融入新型教育的战时儿童保育中,形成了一套适应战时环境的儿童保教方法,对儿童从思想纪律、爱国情怀、文化知识、军事基础训练、生产劳动等多方面进行培养训练,在完成保育民族未来使命的基础上,为中华人民共和国成立培育了大批的有用之才,为中华人民共和国成立后基础教育中的培养学生德、智、体、美、劳全面发展提供了实践支撑和科学理念。

(七)抗日根据地生产救灾经验为中华人民共和国成立后救灾制度的建立奠定了基础

抗日战争时期,中国的自然灾害也不断发生。1939 年,至 1945 年期间,除了水灾、旱灾、蝗虫等比较常见的各种自然灾害外,各抗日根据地还遭受了冰雹、霜冻、瘟疫等各种灾害的影响。抗日根据地由于生产力发展落后、经济基础较为薄弱，一旦发生自然灾害，往往会出现由灾而荒的局面。在各种自然灾害的打击下，人民的生命财产受到严重损失，食物短缺影响了根据地人们的身体健康。在灾荒严重时，日寇却不断侵略根据地，使根据地人民的处境更加艰难。日寇的破坏给根据地带来的损失绝不亚于自然灾害，根据地的生产生活秩序都受到严重影响。

抗日战争进入相持阶段以来，国民党实施"消极抗日、积极反共"的政策，不断对敌后抗日根据地进行封锁和包围。1939年，晋察冀边区政府因遭受水灾而请求赈济，却遭到了蒋介石国民党的拒绝。1940年，陕甘宁边区遭受旱灾、水灾、冰雹、大风等多种自然灾害的袭击，受灾群众达60万，林伯渠等致电重庆赈济委员会，却遭到无人理睬的尴尬局面，国民党政府俨然已经不把根据地军民的生死当回事。

面对国民党的封锁包围、日本侵略者的侵略扫荡等日益严峻的局面，战争和灾荒使得抗日根据地的财政经济状况日渐窘迫。针对根据地面临的困境，为了解决经济困难，1939年，中国共产党和毛泽东发出了"自己动手，生产自给"的号召，陕甘宁边区所有的机构人员立即行动起来，投入以生产为中心、以抗日救国为主的自给自足的大生产运动中，为各根据地解决军民生活问题奠定了基础，也为救济灾荒找到了新出路。在大生产运动中，陕甘宁边区八路军359旅取得的成绩最为显著。1941年，359旅进驻南泥湾后，实行战斗、生产、学习三结合模式，共开荒26万亩，不仅实现了粮食自给自足，还上缴公粮250万吨，把人烟稀少、荒草丛生、野狼成群的地方变成了"到处是庄稼，遍地是牛羊"的"陕北江南"。毛泽东将359旅的自力更生、艰苦创业的精神称为"南泥湾精神"，这种精神成为各根据地生产自救、战胜灾荒的强大精神动力。各根据地在大生产运动的号召下，纷纷学习南泥湾精神，将救济灾荒纳入生产运动中，从而形成了各抗日根据地军民的生产自救运动。

1942年12月，毛泽东在陕甘宁边区高级干部会议上所作的《经济问题与财政问题》的报告中，在总结以往经验的基础上，突破性、创造性地提出了"发展经济，保障供给"的生产救灾总纲领。他说："财政困难，只有从切切实实的、有效的经济发展上才能解决。"[①] 中国共产党创造性地发动灾民进行生产救灾，一方面，可以改变灾民的依赖观望的态度；另一方面，也可以保证灾民的基本生活，调动起他们生产的积极性，让他们主观形成对抗天灾的积极性。抗日根据地党和政府通过帮助灾民发展农业、手工业以及家庭副业等，有效地解决了灾民的生存问题，对他们走出灾难、支持抗战发挥了十分重要的作用。

在遭受严重灾荒期间，各抗日根据地党和政府将集中力量救灾度荒作为密切党群关系、巩固根据地、战胜日伪工作的重中之重。在救灾度荒过程中，上至党中央领导干部，下至党员群众，全力以赴参与到生产救灾中去，不仅走入田间地头与当地人民同劳动、同生产，还与广大人民群众共患难，极力缩小不必要的开支，提高了中国共产党的政治威信，赢得了民心，提高了党对人民群众的凝聚力和向心力。各根据地的党政军民精诚团结奋勇抗灾救灾，保障灾民的基本生存，组织人民群众兴修水利，发展工农副业生产，植树造林等，大大增强了灾民彻底战胜灾害的信心和能力，激发了农民发展生产的热情，极大地解放和提高了农村生产力，促进了生产的发展。广大农民群众被充分发动组织起来，

---

① 毛泽东.毛泽东选集：第三卷[M].北京：人民出版社，1991：892.

成为根据地坚持抗战的主体力量。在1937年到1945年期间,八路军120师由8000余人发展到8.5万人,129师由9000余人发展到近30余万人①。同时,各根据地的地方武装也得到了迅猛发展,成长为重要的抗日力量。

毛泽东对生产自救的大生产运动所取得的成绩给予高度评价,他还把以太行区为代表的以生产自救为主的救灾模式称为"太行模式",要求大家对战胜敌祸天灾要抱有信心,鼓励各根据地积极采用太行区的成功救灾模式。中国共产党领导根据地军民通过实施一系列生产救灾措施,不但成功地战胜各种敌祸天灾,巩固了抗日根据地,保证了根据地正常的生产生活秩序,为抗战胜利奠定了基础,而且以生产救灾为主的救灾模式也成为解放战争时期以及中华人民共和国成立初期应对灾荒的主要手段,为中华人民共和国救灾制度建设提供了难得的借鉴。

第三节 解放战争时期的民政工作
(1945—1949年)

1945年8月,抗日战争取得胜利。蒋介石企图夺取革命胜利果实,实行独裁、内战的反动方针,中国共产党则用武装斗争来保卫抗战成果,解放战争由此拉开序幕。伴随着解放区的巩固和扩大,在党的领导下,各地逐步推动土地改革,镇压反革命,保护和发展工商业,调动一切积极因素支援前线,保证了解放战争的胜利。在各级人民政府机构

---

① 王娟. 山西在中国革命中的地位和作用 [J]. 劳动保障世界,2014 (6):173.

中，民政机构依然是重要的政府管理部门，担负着民主建政、土地改革、社会救济、优待抚恤等多方面的职责。在巩固和发展新老解放区，巩固人民革命政权，发展壮大人民解放军和地方武装力量，服务解放区各项建设和土地改革等方面，都发挥了十分重要的作用。

一、解放战争时期的民政机构与民政工作

抗日战争取得胜利后，国民党为独占胜利果实，对解放区发动了全面进攻。共产党领导的人民解放军为推翻国民党统治、解放全中国而浴血奋战，并在这场事关中国前途与命运的决战中，取得了最终的胜利，建立起中华人民共和国。在解放战争时期，伴随着革命战争的胜利和人民政权的建立健全，民政机构不断地得到充实和加强，民政工作也逐步拓展开来。

（一）国共谈判与解放战争的胜利

1945年8月15日，日本帝国主义宣布无条件投降，中国取得了抗日战争的伟大胜利。抗战胜利后，国共两党就如何公正合理地支配抗战胜利的果实，展开了新一轮斗争。国民党蒋介石想独吞抗战胜利的果实，消灭共产党。但是，鉴于当时国内国际呼吁和平的舆论压力，蒋介石为了制造和平假象，赢得部署内战的时间，邀请毛泽东到重庆共商"国际国内各种重要问题"。中国共产党则因势利导，通过与国民党谈判，既可以揭露国民党假和平、真内战的面目，也可以争取时间做好应对的准备。中国共产党经过反复研究，提出了"和平、民主、团结"三大政治口号，毛泽东接受国民党政府邀请赴重庆谈判，同时，要求人民军队做好进行自卫战争的各种准备。

经过43天复杂而艰苦的谈判，10月10日，国共双方正式签署会谈

纪要，即"双十协定"。国民党当局表示承认"和平建国的基本方针"；同意"长期合作，坚决避免内战，建设独立、自由和富强的中华人民共和国"，并承诺召开政治协商会议等。但是，双方在人民军队和解放区政权两个根本问题上并未能达成协议。

"双十协定"刚签订，蒋介石便调集110万军队，分三路向华北解放区进攻，图谋打开进入东北的通道，进而占领整个东北。中国共产党对国民党的军事进攻采取了针锋相对的措施。中国共产党确定了"向北发展，向南防御"的战略方针，抽调11万军队和2万名干部进入东北，争取控制具有重要战略地位的东北地区。与此同时，各解放区军民对国民党的军事进犯坚决予以反击。在中国共产党的争取和美国总统特使马歇尔的调停下，1946年1月10日，中国共产党代表与国民党政府代表正式签订停止国内冲突的协定，双方下达停战令。但是，以蒋介石为首的国民党却在进行和平谈判的同时，积极进行内战的准备。1946年6月底，在美帝国主义的支持下，国民党反动派撕毁停战协定和政协决议，悍然对解放区发动全面进攻。中国共产党领导解放区军民英勇地进行自卫，并由此揭开了伟大的人民解放战争的序幕。

在与国民党进行武装斗争的过程中，中国共产党解放区不断扩大，并且逐步连成一片。在解放战争中，中国人民解放军既是战斗队又是工作队，每解放一地，随即就在那里建立和巩固人民政权。在中国共产党的领导下，解放区实行了土地改革，镇压反革命，保护和发展工商业，调动一切积极因素支援前线，保证了解放战争的胜利。解放区建立的人民政权是更加完善的新民主主义共和国的模型，是中华人民共和国的摇篮。它为在全国建立人民民主政权和人民民主专政树立了范本。与抗日战争时期的抗日民主政府不同，解放区的人民民主政权在阶级本质、专政对象、同盟军、组织形式和机构等方面都发生了新的变化。在解放战争时期，根据地、老解放区的人民政权日益巩固并得到进一步的提高。新解放区也随着人民的解放，建立起人民政权，实行人民民主专政。

（二）解放区的政府建设与民政机构

早在抗日战争结束后，原有抗日根据地、解放区就开始着手建立人民政权，推进区域内的政府规范化管理，民政部门成为政府的重要机构。以江苏省志所载的苏皖边区政府为例，经中共中央批准，苏皖边区政府于1945年11月在清江市（今淮安市淮阴区）成立，由苏北、苏中、淮北、淮南4个解放区组成。边区政府设立秘书处，财政、民政、教育、建设四厅，卫生处、交通总局、高等法院、公安总局等机构，下辖清江市政府，以及第一、二、五、六、九、十一行政区专员公署。其中，民政厅的职权职责包括：一是主管地方政权之建设；二是行政区域之划分与变更；三是社会福利事业、救灾等；四是地政之办理；五是优抚抚恤等；六是行政人员之审核、配备；七是其他民政事项。①

随着解放战争的胜利推进，新解放区不断拓展。1948年后，随着军事优势的取得，夺取全国政权的局势逐渐明朗，中国共产党开始结束合并各边区的政权机构，推进更大范围内的统一管理，为即将开始的全面执政做准备。到1949年年初，中国大陆区域内已初步形成了中国共产党领导下的东北、华北、西北、华东、中原等几个省级以上的行政区域，各行政区通过召集临时人民代表大会选举，并经中国共产党中央批准建立相应政府机构。同时，还建立了第一个少数民族自治政府——内蒙古自治政府。各解放区的政权形式不尽相同，大体可分为大行政区、

---

① 江苏省地方志编纂委员会.江苏省志·政府志[M].南京：江苏人民出版社，2003：173.

省、专区、县市四级，在一些新解放的大城市则实行军事管制制度，建立军管会。在各种层级及不同组织形式的政府机构中，民政管理机构都得以建立起来，并得到不断充实完善。

大行政区人民政府是采取上下结合的方法建立起来的，一般经由民主选举、经党中央批准后建立。大行政区民主政权的建立，是在全国即将统一、全国政权即将建立的情况下，中国共产党加强集中统一领导的措施之一，解放战争时期成立的大行政区人民政府都设置有民政管理机构，而且是重要的政府机构之一。以华北人民政府为例，1948年5月，党中央及中央军委决定晋察冀、晋冀鲁豫两边区及其领导机构合并，组成中国共产党中央华北局、华北联合行政委员会和华北人民政府。1948年8月，华北临时人民代表大会在石家庄召开，经民主选举、中央批准正式成立华北人民政府。华北人民政府委员会由主席1人、副主席3人、委员27人组成；下设有民政部、教育部、财政部、工商部、农业部、公营企业部、交通部、卫生部、公安部、司法部等，设立财经委员会、水利委员会和华北人民法院、华北人民监察院、华北银行，以及秘书厅、劳动局、邮电管理局等。东北人民政府也是如此。抗战胜利后，东北民主联军（后改为第四野战军）在中共中央东北局领导下建立了贫民团和农会。在此基础上，通过召开各级人民代表会议或参议会，决定建立东北各省市最高行政机关——东北各省市（特别市）行政联合办事处。依照1946年8月通过的《东北各省市（特别市）行政联合办事处组织大纲》①，办事处设行政委员27人，组织行政委员会，行使职权。行政委员会，设主席1人、副主席2人；下设秘书长1人，设立民

---

① 韩延龙，常兆儒. 中国新民主主义革命时期根据地法制文献选编：第二卷[M]. 北京：中国社会科学出版社，1981：457.

政委员会、财政委员会、教育委员会、建设委员会、交通委员会、民族委员会以及办公厅、最高法院东北分院及公安总处。各委员会设正、副主任各1人,委员若干人;法院设正、副院长各1人,公安总处设正、副处长各1人,办公厅设正、副主任各1人。即便1947年建立的内蒙古自治政府也设置有民政机构。1947年3月,在中共中央东北局的安排下,内蒙古自治运动联合会领导人及中共兴安省工委、兴安省政府负责人在哈尔滨召开会议,会议讨论起草了《内蒙古自治政府施政纲领》和《内蒙古自治政府暂行组织大纲》。1947年5月,内蒙古自治政府宣告成立,民政部作为自治政府的下设机构而建立。民政部设部长1人,由政府主席从政府委员中任命;民政部副部长1人,由政府主席任命。自治政府统一发布命令由主席、副主席签署,与民政部主管事项有关者,由民政部部长签署。自治政府民政部在政府各部、会、院中名列第一,民政部设有秘书室、民政处和荣管处等机构,民政部管理各项民政事务。

解放区从乡村发展,先在若干小城镇,逐渐解放一些中等城市,最后解放大城市,共产党管理大中城市是解放战争后期的事情。由于新解放的城市情况十分复杂,城市管理一般采用军事管制的方法进行,也就是设立中国人民解放军军事管制委员会(简称"军管会")进行城市管理。军管会在中国人民解放军总部或军区及前线司令部的领导下,作为该军事管理区内军事管理时期进行统一管理的军政管理领导机关,是大中城市最初建立的人民民主专政组织形式。军管会任务完成以后,经上级批准,将一切行政权力移交当地人民民主政府和警备司令部后,即宣布撤销。大中城市下设置区、街等政府组织,区、街政府组织也设置有民政机构。在解放战争时期,无论是什么类型的行政组织,无论是哪一级政权组织,都设置有民政管理机构,并且随着革命形势的发展,各级民政机构增人增编,充实完善内部组织机构,使内设机构在原有的基础上更加强化,组织更加健全,职能也更加广泛。

各级民政部门的职责业务十分繁多,诸如地方政权组织建设;行政区划;市政建设;选举、登记、管理、教育、培养、保健、考核、奖惩及提请任免下级政府县长级以上干部等人事行政工作;动员参军归队;战勤动员调剂;烈、军、工属、荣退军人的优待抚恤及拥军工作土地改革,减租减息,土地清丈登记、确定产权,调解土地、房屋和债务纠纷,处理土地产量和租赁关系;社会救济;检查、指导、登记和管理民众医药卫生,公立医院、疗养所、休养院的设置与管理,民间中西医之登记、检查、指导、教育及医药卫生干部之培养,防疫事项之计划与实施;婚姻登记;礼俗改革;儿童保育;社会福利事业的领导与改进;荣誉军人之安置处理与荣校之领导;禁烟、禁毒、禁赌及不良风俗之取缔与改良;人民团体之登记与指导;宗教信仰、宗教事务;少数民族;外侨及民主人士之交际与联络等事务。

尽管各地情况存在很大差异,但是各级民政部门的职掌内容却大致相同。以1949年5月成立的河南省人民政府民政厅为例,省民政厅作为省政府第一厅,下设有秘书室、干部科、社会科、复员转业军人办公室等内设部门。其具体掌管下列事项:(1)户籍人口之调查登记。(2)行政区划事项。(3)地方政权组织建设。(4)市政建设。(5)选举工作。(6)提请任免下级政府县长级以上干部及登记、考核、奖惩、教育各级行政人员事宜。(7)干部保健及妇女干部、幼儿保育、干部子弟公费入学事宜。(8)关于土地清丈、登记、确定主权、调解土地房产纠纷、处理土地产量、租债关系等。(9) 烈军工属①、荣退军人抚恤、优待，救济及拥军优属。(10) 群众运动、劳动保护、职工福利与劳资纠纷处理事项。(11) 社会救济。(12) 婚姻登记。(13) 宗教信仰及礼俗事项。(14) 少数民族事项。(15) 人民团体登记指导。(16) 禁烟、禁毒及其他不良风俗之取缔及改良事项。(17) 民众医药卫生工作机构设置之检查、指导、登记事项。(18) 公立医院疗养院、休养院（所）之设置及管理。(19) 民间中西医生之登记，检查指导教育、医药卫生干部之培养等。(20) 防疫事宜之计划及实施。(21) 社会福利事业（公私立托儿所、残废院）之指导及改进事项。(22) 关于荣誉军人之安置与荣誉军人学校领导事项。(23) 其他民政卫生事项。(24) 关于民政事业经费预算、审核开支报销事项。(25) 关于外事及民主人士之交际联络事项。②

二、解放战争时期的民政工作成就

解放战争时期，随着解放战争的胜利推进，在新、老解放区民政部门的职责有所区别，但民政工作都是为战争胜利和人民政权的巩固服务，民政工作始终是党领导下群众工作的重要组成部分。民政机构伴随着革命战争的胜利和人民政权的建立健全，也在不断地得到充实加强，

---

① 中央人民政府内务部内优字第二六一号通知：革命烈士、革命军人、革命工作人员家属三词在一起运用简称时叫法不一，有称"烈、军、工属"，有称"军、工、烈属"，甚有称"工、军、烈属"者；为尊敬烈士，符合优军工作上先烈、次军、后工之精神起见，特决定今后一切行文、专论、书写、口语等涉及此三名词并在一起运用时其次序是先革命烈士、次革命军人、后革命工作人员，简称时亦须按此顺序称。

② 杨根来，段凤东. 民政史新编：上 [M]. 郑州：河南人民出版社，1995：124-125.

总体上都在从服务战争胜利到常态社会管理转变，其重心更多地转移到社会事务管理服务中来。民政机构伴随着人民政权的建立健全，不断地得到充实和加强，其重心更多地转移到社会事务管理服务中来。民政工作在巩固发展新老解放区、巩固人民革命政权、服务解放区各项建设等方面发挥了十分重要的作用。

（一）解放战争时期的民政机构及其职责设置为中华人民共和国民政工作提供了机构雏形和业务经验

解放战争时期，解放区有新、老解放区之分，又因解放时间不同，面临形势和具体条件不同，解放区政权虽然性质内容相同，担负着共同的任务，却具有不尽相同的政府机构和组织形式。按照先后次序，首先在解放区的农村建立村（乡）区、县政权，其次是新解放的城市的人民政权，最后是省以及大行政区的人民政权。各解放区的政权形式也不尽相同，大体上可分为大行政区、省、专区、县市四级。在各级各种组织形式的政府机构中都建立、完善民政管理机构。一般大行政区人民政府设有民政部，各省人民政府设立民政厅，各大城市军管会或人民政府设有民政局，专署或行署设民政处，县设民政科，在区、乡（村）政权中建立有相应的民政机构——民政委员会或专门委员会等。各级民政机构设置及其所承担职责职能，是我们党自创建革命根据地、建立人民革命政权以来民政管理及其工作业务继承发展的产物。到解放战争时期民政机构及其职责经历多年调整已经趋于相对稳定，这为中华人民共和国成立以后民政部门的机构设置提供了雏形，也为其职责业务运行积累了基本经验。

(二) 解放区施行的社会救助给中华人民共和国社会救助事业发展提供了宝贵的经验借鉴

解放战争时期,由于战争、自然灾害、战勤①等原因,解放区的难民、灾民等弱势群体众多,面临严重的生活困境。如何对这些弱势群体进行救助自然成为摆在中国共产党和解放区政府面前的一项重要工作。面对解放区弱势群体救助问题,毛泽东在《一九四六年解放区的方针》一文中指出:"各解放区有许多灾民、难民、失业者和半失业者,亟待救济。此问题解决得好坏,对各方面影响甚大。""救济之法,除政府所设各项办法外,主要应依靠群众互助去解决。此种互助救济,应由党政鼓励群众组织之。"② 在中国共产党和各级政府的领导下,各解放区根据本区特点和实际情况,采取了一些切实可行的救助措施,并取得了较为明显的成效。

首先,对于流离失所、无家可归的难民、灾民,采取发动群众方式在农村进行统一安置。政府设置收容所,采取有计划地移民就食等措施,让他们安顿下来。其次,解放区采取直接发放和以工代赈等形式实施紧急赈济。政府用于紧急赈济的资金及粮食源于两方面:一是边区政府直接拨款、拨救济粮;二是结合土改组织群众收割投敌反动地主和反革命分子的庄稼,刨获地主埋藏的粮食,征收富农多余的粮食。再次,派出专门的卫生防疫人员,要求各专署、县级政府各级卫生机关参加当地救灾委员会,负责领导当地的疾病防治工作。对缺乏医药的,由政府

---

① 解放区人民为了支援解放战争,或踊跃参军或负担战勤,对解放战争的胜利起到了重要的作用。但战勤加重了人民的负担,客观上对人民的生活、农业生产的发展和恢复产生了一些不利的影响。由于战勤负担严重,一些家庭或因劳力缺乏无力耕田,或因公粮负担缺衣少食从而成为弱势群体。

② 毛泽东. 毛泽东选集:第四卷 [M]. 北京:人民出版社,1991:1172,1176.

负责配备药品；对已发生疫情地区，实行隔离医治；对未发生疫情地区，加强预防工作。还有，对弱势群体进行心理干预，稳定其情绪。解放区各级政府干部在其中发挥了关键作用，包括对难民、灾民、失业者进行形势与阶级教育，稳定其心态，使人们情绪基本稳定，精神可得到依靠，推动社会救助工作有序进行。最后，把这些灾民组织起来，采取垦荒灭荒、抢种抢收、掀起春耕运动、消灭蝗虫运动等措施，重新为他们树立生活信心，进行生产自救。

解放区对弱势群体采取社会救助与经济发展相适应、积极救助与消极救助相结合、政府救助与社会力量救助相结合的措施，有效解决了解放区的社会救助问题，体现了中国共产党人民利益至上的执政观。限于当时社会的经济条件，社会救助虽然还不够系统和完善，但是中国共产党在解放战争时期的执政理念及解放区政府采取的各种救助措施还是给中华人民共和国成立后的社会救助事业发展积累了宝贵经验。

（三）强化对荣军的生活关照与保障，做好优待抚恤工作，解决军队建设的后顾之忧

我国将因作战或因公而负伤致残的战士称为荣誉军人（简称"荣军"）。由于其永久失去正常人的基本生活能力和劳动能力，如何解决他们的伤残及因伤重而无生活能力的问题，成为战时中国共产党考虑的重要问题之一。1947年5月，华东解放区就提出："使每一个从前方归来的荣军，在政治地位上得到应有的提高，在生活上得到应有的优待，在政治思想上得到一定程度的提高，因而使很多荣军同志在养好身体重上前线杀敌中，在生产节约支援前线中，在量力所能参加各种后方工作

<<< 第一章 新民主主义革命时期民政工作的产生与演变（1927—1949年）

中，在复员安家后的兴家立业中及在加强学习准备就业中积极地为革命服务。"① 1947年11月，东北局、东北政委会、总政治部联合下发了《关于处理荣誉军人的决定》。其中提出："荣誉军人是工农劳苦大众的优秀分子，'爱国保田'自卫战争中的杀敌英雄，他们因负伤而致残废是光荣的。在政治上要尊重他们。在生活上要照顾他们。并经过教育争取他们在适合他们身体条件之下继续为人民服务，任用他们各种工作而且必须相信从他们中间能够提拔与培养出大批的后方工作干部，这更会体现出人民战争的伟大力量。"1948年，华北人民政府将残疾军人社会保障的目标确定为：解决生活困难，培养生产能力，提高社会地位，鼓励其参加工作继续为人民服务，建立新功。②

为保障荣军在退伍后得到应有权益、安定其生活，同时也鼓励前线战士安心作战，各解放区专门颁发了荣军优待抚恤条例。例如，1946年2月，苏皖边区发布《苏皖边区优待荣誉军人条例》；1948年4月，东北政委会、东北军区政治部公布《东北解放区荣誉军人复员军人条例》；1948年11月，华北人民政府发布《华北区荣誉军人优待抚恤条例》等。这些法令法规均明确，荣军除享有一般军属的权益和被授予的"革命荣誉军人证"荣誉称号外，还享有下列优待政策：对因战而伤致残的军人根据其残废程度和失去劳动能力的大小确定残废等级，并给予相应的残废金、抚恤金和安家补助费；若其退休还乡，依据相应法例给予其他方面的帮助。

为了妥善安置因残废而暂时不能作战或工作的战士，各地区陆续设

---

① 湖北省黄石市残联. 解放战争时期革命根据地服务革命伤残军人的政策研究[EB/OL]. 中国残疾人网站，2019-12-17.

② 湖北省黄石市残联. 解放战争时期革命根据地服务革命伤残军人的政策研究[EB/OL]. 中国残疾人网站，2019-12-17.

立荣军教养院,帮助其恢复健康,并组织其参加适合身体条件的劳动,帮其建立家务;同时还设立荣军学校,组织残废军人学习知识,提高他们的文化水平。与此同时,为加强荣军保障管理工作,防止出现管理疏漏、政策落实不到位等现象,各地区相继建立荣军管理委员会或荣军管理处。无论在何种困难情况下,中国共产党领导的民政部门都始终努力维持对荣军最基本生活的保障,始终是广大荣军切实利益的维护者。

(四)妥善安置复员军人,推动其加入生产劳动,增加解放区的生产能力

解放战争时期,中国共产党领导的人民军队因长期抗战而产生了大量军龄较大、入伍期限已到的解放军战士。面对当时物资急缺、战争依然进行的局势,如何妥善安置这些脱离生产的复员军人,保障其基本生活,使其加入生产大军,增加边区生产力量,就成为中国共产党、各边区政府重点关注的问题。

1946年1月,中国共产党在起草制定《和平建国纲领(草案)》时,就强调政府应制定切合实际的复员军人计划,确保退伍军人得到工作,并妥善照顾残疾军人和抗战军人家属以及幸存者的生活。4月,在中央指示下,太行区作出太行区关于复员工作的决定,明确表示要把复员工作视为一项极其重要的任务,事先要做好充分组织和工作准备,做好复员工作,保证复员军人得到合理安置,并迅速将他们转移到生产岗位上,使他们各司其职,并给予他们应有的荣誉和社会地位。陕甘宁边区政府制定《陕甘宁边区复员方案》,明确表示对于退休人员不仅要给予其思想上的教育、精神上的鼓励,同时也要使其回到生产岗位,加强边区民主建设,使其认识到成为未脱离生产的干部或积极分子,是一种光荣行为。陕甘宁边区政府主席林伯渠对复员军人工作甚为关心,在第

<<< 第一章 新民主主义革命时期民政工作的产生与演变（1927—1949年）

三届边区参议会第一次大会上作的《政府工作报告》中就请求大会讨论和批准复员计划，并认为各级政府应该从物质上资助复员人员，经常密切关照他们，保证他们有基本的生活、生产条件。① 1948年12月，朱德在全军后勤工作会议开幕式发表讲话，在谈到"有计划地建设统一集中的后勤体系"时②，明确表示对不能进农场干活的复员军人，可组织小型手工业合作社，使他们各得其所；对无家可归的复员军人，政府要负责养活他们，并给其布置任务。

复员军人退伍返乡面临重大生活难题，为解决复员军人在生产和生活方面的困难，中国共产党、各边区政府对退伍回家的军人颁布实施了一系列重要政策措施。例如，1946年4月，先后有《太行区关于复员工作的决定》《陕甘宁边区复员方案》《中国共产党中央关于复员工作的指示》出台；1946年5月，《晋绥边区复员人员物质待遇办法》颁布。这些法令法规都对退伍复员军人的后续生产生活作出了相关保障性规定。为鼓励复员军人为解放区经济建设贡献力量，各解放区对复员军人以其复员费、抚恤金所经营的商业，不论营业收入多少，均给予一定期限的税费减免。例如，1945年12月出台的《晋察冀边区所得税暂行办法》、1946年4月颁布的《陕甘宁边区营业税暂行条例》、1946年7月发布的《晋察冀边区农业统一累进税简易办法》、1947年1月公布的《晋绥边区关于工矿商业负担问题的决定》等法规对此都有相关的规定，从而推动了退伍军人自食其力，自主从事生产。

---

① 林伯渠. 林伯渠文集［M］. 北京：华艺出版社，1996：495.
② 黄小彤，曾慧华. 朱德在华北抗日前线指导后勤保障的统战思想和实践［J］. 中央社会主义学院学报，2016（01）：58-62.

（五）拥军优属工作为人民战争的胜利、建设中华人民共和国提供了强大支持

由于部队官兵常年在外作战，导致家中长期缺乏劳动力，家属生产生活无法得到正常保障，烈士更是为战争付出生命，家中永久丧失主要劳动力。考虑到军人外出作战给家里带来的影响，以及为提高军人参加战争的热情，中国共产党尤其关心军人及军烈属的生活问题。1948年2月，东北行政委员会公布施行《东北解放区优待革命军人家属条例》，更加具体地规定了优待军属的办法。例如，在土地改革中，分配土地、粮食、财物时予以照顾；公有土地、房屋、器具等物品，在分给、出租或出卖时，军属有优先领取、租用或购买权；贫苦军属子弟入学免收学费；贫苦军属免费治病等。5月，晋绥边区行政公署公布《解决革命烈属军属工属生产困难暂行办法》；1949年1月，华北人民政府公布《革命军人家属优待条例》等，其中都对革命军人家属、烈士家属的生产生活优待等进行了较为详尽的规定。中国共产党还注重从根本上解决军烈属的生活问题，鼓励帮助军烈属发展生产。正如1948年11月陕甘宁边区政府所强调的"加强军、烈、工属的政治教育，扶助他们发展生产、建立家务、达到自给，是优待工作的主要和中心任务"[①]。

在抗日战争时期，陕甘宁边区等各地发动的双拥运动，推动了军民亲密无间氛围的形成，极大地密切了军民的鱼水关系。到解放战争时期，双拥运动得到了更广泛、更加深入的实行，以三大战役为代表，广大军民同心同德、并肩作战，推动波澜壮阔的人民战争取得胜利。山东沂蒙人民推着独轮小车，带着煎饼、大葱支援前线，乳汁救伤员、火线

---

① 关保英. 陕甘宁边区行政救助法典汇编［M］. 济南：山东人民出版社，2016：438.

架桥等故事至今广为流传。中华人民共和国成立伊始,在"抗美援朝、保家卫国"运动中,上百万中华儿女在朝鲜战场英勇奋战,亿万人民在后方全力支援,彰显了军民团结的伟大力量。军民协作、相互间的亲密氛围为人民军队的胜利、为中华人民共和国的建设提供了强大动力,也成为人民军队战无不胜的重要因素。

第二章

社会主义革命和建设时期的民政工作沿革
（1949—1978年）

中华人民共和国的成立掀开了我国民政工作发展史上新的一页。改造旧社会、建立中华人民共和国的繁重任务，对民政工作提出迫切要求，也提供了广阔的施展空间。中央人民政府设置内务部，地方各级政府也成立相应内部机构，从而形成一个自上而下的完整民政工作管理体系。民政部门积极推动民主建政，参与收容安置、教育改造各类社会闲散人员。在国民经济恢复后，党和国家的工作目标转移到社会主义改造及经济建设上来。大规模复员退伍军人安置工作结束后，民政部门工作回归常态，并转变工作重心，侧重为生产建设服务，在优待抚恤、灾害救灾、社会救济及社会福利方面的职能显现。这一时期的民政工作承前启后，民政职责多次调整，民政工作逐步建章立制，在调整探索中不断发展起来。1954年以后，民政机构同整个国家机构一样经历了调整、充实、精简的过程。进入"文化大革命"时期，作为中央民政机构的内务部一度被撤销，民政工作管理体系也被分割而打乱，民政工作内容被移交给其他政府部门。这给民政事业发展带来巨大损失，使得"文化大革命"期间成为民政工作发展史上的"灰色"时期。

第二章 社会主义革命和建设时期的民政工作沿革（1949—1978年）

第一节 中华人民共和国成立初期的民政工作
（1949—1954年）

1949年10月1日，中华人民共和国的成立，掀开了我国各项事业包括民政历史发展的崭新一页。新中国成立初期，民政工作始终是围绕着党和人民政府的中心工作，为改造旧社会建立中华人民共和国而展开。许多民政工作内容也是党和政府重点关注的中心任务，民政工作普遍受到重视。在民政机构建设上，从中央内务部、大区政府民政部（局），到省民政厅、专署县区的民政处科（股），再到城市和乡镇的各级人民政府，都设有专门的民政机构或专职干部。民政机构成为各级人民政府的重要职能部门，多为第一部、第一厅、第一科、第一股，民政工作地位十分重要。从中央到基层的完整民政组织工作体系建构起来，民政工作也逐步走向规范化，从而为中华人民共和国民政事业的发展奠定了基础。

一、中华人民共和国成立初期的民政机构与民政工作

中华人民共和国成立初期，改造旧社会、建立新社会的任务十分繁重。围绕着党和人民政府的工作重心，内务部承担着社会改造的诸多具体工作任务，如推动民主建政，参与收容安置社会闲散人员，教育改造流氓、懒汉、赌徒、烟民、游民和妓女等，进行大规模复员退伍军人安置工作等。各级民政干部积极工作，医治旧社会遗留下来的社会问题，进行政权建设，巩固新生人民政权，帮助民政对象解决各种问题，为新中国成立初期恢复经济生产生活、稳定社会秩序以及推进社会主义改造

等作出了积极贡献。

(一) 内务部的设置及其机构职能

1949年10月1日,中华人民共和国中央人民政府成立。根据1949年9月中国人民政治协商会议第一届全体会议通过的《中华人民共和国中央人民政府组织法》第十八条规定,成立中华人民共和国中央人民政府内务部。1949年10月,中央人民政府委员会举行第三次会议,任命谢觉哉为内务部部长。10月21日,中央人民政府政务院成立,政务院下最初设内务、外交、公安、财政、贸易、重工业、燃料工业、织工业、食品工业、轻工业、铁道、邮电、交通、农业、林垦、水利、劳动、文化、教育、卫生、司法等部;法制、民族事务、华侨事务等委员会;情报、海关、新闻、出版等总署及人民银行、科学院、秘书厅等30个部、委、院、署等专门的行政管理部门,分管各项政府事务。内务部是政务院所属30个行政职能部门中的第一部。

1949年11月,中央人民政府内务部正式成立。按"各部门的工作是受双重领导,一方面受政务院领导,另一方面又受其所隶属的指导委员会的领导"[①]的规定,内务部作为中华人民共和国中央人民政府政务院的职能部门之一,在受中央人民政府政务院领导的同时,受政务院政治法律委员会的指导。

内务部主管全国的民政工作,设有办公厅和干部司、民政司、社会司、地政司、优抚司5个司级单位。5个司的主管业务分别是:(1)干部司,主管由本部办理的地方行政人员任免以及各级行政人员的铨叙事项,地方行政人员的调动、调整事项;各级行政干部的教育训练。(2)

---

① 《董必武选集》编辑组. 董必武选集 [M]. 北京:人民出版社,1985:249.

第二章 社会主义革命和建设时期的民政工作沿革（1949—1978年）

民政司，主管地方人民政权建设的指导事项；行政区划的调整、地方行政区域名称和驻所的确定；户籍人口调查登记；国籍的取得或丧失等。（3）社会司，主管社会福利；游民妓女的改造；禁烟禁毒；社会团体和宗教团体的登记；公葬公墓；移民；民工动员；社会救济等。（4）地政司，主管农村土地改革；土地的清丈、登记和土地证的颁发；城市房产地产政策的规划；城市营建用地的审核；公共房地产的保护等。（5）优抚司，主管烈、军、工属的优待抚恤；残废军人的优待抚恤；退伍军人的安置；烈士褒扬；烈士传记的编纂；烈士纪念物的保护、管理；拥军优属等。

1950年7月，第一次全国民政会议在北京召开，会议对民政工作的范围进行了讨论，确定了政权建设、优抚、救灾是民政工作的重点，并且将建政作为民政工作的中心环节，强调政权建设工作的重要性。

新中国成立初期，民政业务及其机构与整个国家的政权机构一样，尚处在不断的变动和调整之中。1949年10月，为加强对全国干部人事管理工作，中央人民政府决定组建人事部，统一管理全国干部工作。内务部干部司合并至中央人民政府人事部，内务部所管的干部人事工作一并移交人事部。1952年8月，内务部将地政司主管的城市营建用地计划考核工作移交中央人民政府政务院财政经济委员会管理。1953年8月，由于全国开展普选的准备工作，人口调查登记、优抚和农村救灾等工作任务繁重。为适应工作的需要，内务部增设救济司和户政司，将社会司所管的社会福利和社会救济工作中的农村部分以及移民工作移交给救济司；社会司增加民工动员工作；将民政司所管的人口调查登记、国籍、行政区划工作移交户政司；将优抚司改为优抚局，内部增设办公室，另将残废儿童教养工作交由救济总会管理。内务部机构调整为：办公厅、民政司、救济司、优抚局、户政司、地政司和社会司 7 个司局。

除掌管上述内务部各司局主管的业务工作以外,内务部还一度管理过如下各项工作:革命老根据地建设工作;中国红十字会①、中国救济总会等组织的指导工作;文物古迹的保管工作;民族及宗教事务;交通、市政管理工作;民事纠纷的调解工作;外侨及侨务工作;地图编印管理工作;房屋管理工作;保育工作(保育院,托儿所、站的管理);盲哑学校的管理;麻风病人和精神病人的收容治疗工作;革命残废军人学校、教养院及生产教养院的管理工作;一般革命史迹和宗教遗迹的管理;基层选举;全国人口调查登记等。

1954 年 2 月,政务院发出《关于民政部门与各有关部门的业务划分问题的通知》,对部分民政业务进行如下调整:(1)麻风病人收容与治疗由卫生部门管理;麻风村,由民政部门领导的保持不变;对生活困难的麻风病人救济,由民政部门负责解决。(2)精神病人的治疗由卫生部门负责;已治好但无家可归的精神病人由民政部门负责处理。(3)民政部门领导的聋哑学校,如系独立设置并且为正规学校性质的,交由教育部门接办;原附属在生产教养院内,或以救济为主的聋哑学校或班,仍由民政部门负责。(4)文物古迹的管理交由文化部门;一般的革命史迹、宗教遗迹、古建筑及山林风景,由所在地人民政府负责管理;革命烈士陵园的修建管理由民政部门负责。(5)3 岁以上的幼儿教育归教育部门管理;3 岁以下的托儿所交卫生部门管理;现由民政部门管理的私立托儿所、街道托儿站不再移交;机关托儿所由各机关自行管理,不得移交卫生或民政部门。(6)城市和农村的贫苦病人医疗费减

---

① 1952 年 6 月 3 日,根据周恩来的指示,原由内务部管理的中国红十字总会改归卫生部直接指导和联系。

免问题,由民政部门分别在社会福利支出和农村救济费中酌予补助。(7)房屋管理工作,在没有专设掌管此项工作机构的地方,由民政部门掌管。(8)调解工作,在乡由乡人民政府调解委员会办理;县由人民法院办理。(9)无交通机构之地区,交通工作由建设部门办理。(10)民族、华侨事务,未设专管机构者,应交政府的办公厅、室管理;如仍需民政部门管理者,应另设专职干部。

新中国成立初期,民政管理的业务范围与抗日战争、解放战争时期的民政工作相比较,内容范畴发生了一些调整变化。除上述集中调整外,卫生、劳资和主佃争议等业务,因中央另设有专门机构进行管理,也已不再属于民政业务范畴。

需要注意的是,新中国成立初期,中央除了设立内务部作为全国的最高民政机构行使民政管理职能,负责民政业务管理以外,还设置有一些临时性、非常设性机构来管理相应的民政事务。这些机构时有设置、时有撤销,有的全国统一自上而下普遍设置,有的则在某些地方设置,这些机构及职能也是民政工作的组成部分。这些机构主要包括:中央救灾委员会①,主要负责指导全国的救灾工作;中央复员委员会②,主要

---

① 中央救灾委员会:1950年2月27日在北京成立,指导全国救灾工作的组织,董必武任主任。1957年7月26日,国务院第55次全体会议对其调整人选,任命邓子恢为主任,习仲勋、谢觉哉为副主任。

② 中央复员委员会:中央决定从1950年开始有计划、有步骤地对军队进行整编退役。1950年6月,人民革命军事委员会、政务院制定的《关于人民解放军1950年的复员工作的决定》颁布。该决定明确安置复员建设军人是中央各部门和各级地方政府机关、人民团体和各种企业、事业单位不容推卸的责任,各单位在调用干部、调配劳力和招收工人、学徒、职员、技术人员时,都应把复员建设军人作为第一位录用对象。与此同时,还成立了以周恩来总理为主任的中央复员委员会,各地开办了大批退役军人速成中学和文化学校,从战火硝烟中走来的退役军人在接受教育培训后奔赴经济建设的新战场。

负责全国军人复员安置工作的领导；全国老根据地建设委员会①，主要负责加强老根据地的建设工作；戒烟办公室②，负责推行戒烟、禁种鸦片和收缴农村存毒等工作。上述机构与内务部部分机构职能重叠交叉，在专项民政事务方面发挥着重要的作用。

除上述这些机构和组织外，还有一些社会团体也承担着与民政工作类似的职能。例如，中国人民救济总会，是我国群众性救济组织，于1950年4月29日在北京成立，其前身是1946年4月在解放区成立的中国解放区救济总会（简称"救总"）。救总的任务是团结并领导全国从事救济福利事业的团体和个人，协助政府组织群众进行生产节约、劳动互助，以推进人民大众的救济福利事业，并担负国际工作。

（二）地方政府的民政机构及其职能

在中央人民政府及内务部之下，地方各级人民政府，从大行政区人民政府到省政府、县政府以及基层政府都设有民政机构，并承担相应的民政管理职能。

1. 大行政区人民政府（军政委员会）的民政机构

大行政区人民政府（简称"大区人民政府"）在解放战争中逐渐形成，中华人民共和国成立后在全国范围内普遍建立起来。1950年1月，在陕甘宁边区政府的基础上成立西北军政委员会；2月，华东军政委员会成立，又在中原临时人民政府的基础上组建了中南军政委员会；7月，西南军政委员会成立；中华人民共和国成立后成立的东北人民政

---

① 1952年1月，政务院发布《关于加强老根据地工作的指示》，决定成立全国老根据地建设委员会，办公室设在内务部，谢觉哉部长任主任。

② 1953年1月，为贯彻中央关于推行戒烟、禁种鸦片和收缴农村存毒的指示，内务部、公安部、卫生部联合组建戒烟办公室，机构设在内务部。

第二章 社会主义革命和建设时期的民政工作沿革（1949—1978年）

府仍称东北人民政府；华北人民政府在中华人民共和国成立后撤销，所辖的5省2市归中央人民政府直辖。当时大行政区人民政府（军政委员会）是中央人民政府的代表机关，又是地方政权的最高机关。大行政区人民政府委员会下设若干工作部门（一般称为部）分管各项工作。按照中央惯例，民政部受大区人民政府和政治法律委员会的双重领导。

为加强中央集中领导，1952年11月，中央人民政府委员会第192次会议决定将大行政区人民政府或军政委员会"一律改为行政委员会"，仅作为中央人民政府的代表机关，不再作为地方最高一级政权机关。到1953年2月，华东行政委员会、中南行政委员会、东北行政委员会、西北行政委员会、华北行政委员会、西南行政委员会等先后宣告成立，全国共设立6个大区行政委员会。此后，原来所设置的民政机构也一律由原来的民政部改称为民政局，直到1954年11月底大行政区一级行政机构被撤销为止。

大行政区人民政府、军政委员会和大区行政委员会的民政机构，无论是称民政部，还是民政局，都是同级政府或行政组织的常设机构，一般都是第一部或第一局，其内设机构和职责范围及职责调整大致上与中央政府的内务部相同。

2. 省级政府的民政机构及其工作职责

省级人民政府设有政法、财经、文教3个指导性委员会以及人民监察委员会，其职能部门一般称为厅，一般设置民政厅、财政厅、文教厅、建设厅等，同时还设有办公厅及秘书长。省民政厅内设机构大致与中央内务部相同。1951年干部科分出，并入另组建的人事厅；到1954年，民政厅内设机构有办公室、民政科、社会科、转业建设委员会办公室、地政科、人事科、财政科、优抚科（处）、农村救济科、信访科和老根据地恢复办公室等机构。

新中国成立初期，各省级人民政府的中心任务是彻底完成新民主主义革命，稳定社会秩序，建立和巩固新生人民民主政权，恢复和发展国民经济。各省民政工作的中心任务是政权建设工作，并将其与优抚安置、救灾救济列为民政工作的重点。这一时期，省级民政部门的主要任务包括：废除保甲制度，建立乡镇人民政权；遣送流亡的灾民、贫民回乡参加生产；资遣安置大批战俘和国民党散兵游勇；收容安置大批无依无靠的老人、残疾人和儿童，稳定社会秩序；接管整顿所有的慈善团体和救济单位；禁止吸毒、贩毒、赌博、缠足；取缔妓院和反动社团、会道门；收容改造妓女、乞丐、流氓，解决旧中国遗留下来的一系列社会问题；协助党和政府完成土地改革工作；动员群众支援抗美援朝战争，接收医疗伤残军人，安置复员军人，优待抚恤烈军工属；宣传拥军优属的意义和政策，树立社会新风尚；追认一批中华人民共和国成立前为革命光荣牺牲的同志为烈士，并对他们的家属进行抚恤。此外，民政工作内容还包括地政、户籍管理、行政区划、边界纠纷、婚姻登记、社会登记、民工动员、移民安置、老革命根据地建设以及宗教、侨务、民族，等等。

1954年9月，一届全国人大一次会议通过《中华人民共和国地方各级人民代表大会和地方各级人民委员会组织法》。该法第四十二条规定：省人民委员会在必要的时候经国务院批准，可以设立若干专员公署作为其派出机关。这使得专署这一行政区域设置以组织法形式得以确认，并沿袭下来。专署设有专员1人、副专员若干人，下设有若干职能部门，一般称为科（后改为处）。其中，民政科掌管区域内各项民政事务，民政科的编制一般5人左右，设有科长1人，科员、办事员4人。

<<< 第二章　社会主义革命和建设时期的民政工作沿革（1949—1978年）

3. 省以下各级民政机构的设置

1950年1月，政务院第14次会议通过《县人民政府组织通则》。基于此，县人民政府委员会下设的职能部门一般称为科，例如，民政科、财政科、教育科等，公安等部门称为局。县人民政府民政科是主管一县民政事务的政府职能部门，是县政府的常设机构之一。县人民政府民政科主要办理民主建政、干部人事管理、地政、户口户籍、社会福利、社会救济、救灾、优待抚恤、荣退安置、游民妓女改造、禁烟禁毒、移民、民工动员、市政、劳资、婚姻、社团等各项事务。

县级之下设区，区级行政机构有区公所和区人民政府之分。根据《区人民政府及区公所组织通则》的规定，区公所是县、自治县人民政府的派出机构，其正、副区长，秘书及助理员均由县人民政府委派。区公所可代表县政府进行行政管理，指导若干乡镇工作。区公所的民政事务由专职民政助理办理。区人民政府是一级政权机关，其设置须"由县人民政府呈请省人民政府批准"。区人民政府委员会由区人民代表大会选举产生的区长、副区长及委员若干人组成。区人民政府委员会下设有秘书及助理员若干人，以处理各项日常事务和办理相应工作事务，民政助理员是其中的助理员之一。

乡村级政权中的民政组织最初基于农村基层政权形式而稍有区别。全国解放初期，农村基层政权有两种形式：一种是在华北、东北及内蒙古等省区实行的行政村制，另一种是其他省市所实行的乡制。1954年9月，《中华人民共和国宪法》颁布以后，全国农村基层行政区域单位统一定名为乡、民族乡和镇，从而废除中华人民共和国初期的行政村建制。

1950年12月，政务院公布的《乡（行政村）人民政府组织通则》

规定，乡人民政府一般视工作需要设立各种经常或临时性的委员会，其主任委员由乡人民政府委员兼任。管理民政事务的组织一般为民政委员会。行政村政府的编制和工作部门更为简单，一般设有经村民代表会议选举的村长1人，财粮兼文书、通讯员各1人组成，民政工作的办理由民政小组或村长及村干部兼理。

1954年1月，内务部发布了《关于健全乡政权组织的指示》，在普选的基础上，建立乡人民代表大会和人民政府委员会制度，使其真正成为领导生产建设、组织人民行使权力的机关。它规定了乡人民政府应设置的各种工作委员会及其规范要求，"一般应按生产合作、文教卫生、治安保卫、人民武装、民政、财粮、调解等方面的工作，分设各种经常的工作委员会，各地可以根据具体情况合并或调整，但最多不得超过七个"。[①] 民政委员会是乡人民政府的工作部门之一，主要负责优抚、救济、民工动员、人口调查及贯彻执行婚姻法等工作。随着民政事业发展和基层政权乡政府的健全，一些乡（镇）级行政机构也相继设置了专职或兼职的民政管理干部——民政助理员。

乡以下根据不同情况，划分为自然村和村民小组，一般以自然村或选区为单位，必要时在自然村或选区划定若干个村民小组。自然村和村民小组均为基层群众性组织，民政事务直接由村干部办理，有些地方也设有与乡（镇）民政组织相对应的民政工作小组。

在健全乡人民政权组织的同时，对镇的建制和镇人民政权组织等的建设也作出了明确规定。镇的建制一般不包括太多农村，其下不再设乡，与乡人民政府不同的是镇人民政府下设民政生产合作、工商管理、

[①] 郭正林. 中国乡村的治理结构：历史与现实 [J]. 社会科学辑刊, 2017（1）: 268.

建设、劳动、文化、教育、卫生等科或股，也可以设立办公室。

4. 城市政府的民政机构

中华人民共和国成立以后，我国的城市发展很快，城市总数由1949年年初的122个发展到1954年年底的162个，包括中央直辖市3个，地级市82个，县级市80个。

（1）城市政府的民政机构。直辖市、地县级城市的市人民政府均为一级政权机关，市人民政府委员会也设有财经、政法、文教3个指导性委员会及人民监察委员会，其他政府职能部门一般称局，如民政局、财政局、文教局、劳动局等。市民政局是市人民政府的常设职能部门，管理各项民政事务，一般设局长1人，下设科（股）室，办理基层政权建设、选举、干部人事、地政、户政、社会福利、救灾救济、优抚安置等民政事务。（2）市辖区的民政机构。大中城市的人民政府可在市基础上划分出若干辖区，在市辖区设立区人民政府。区人民政府设有秘书室及民政、文教、卫生、建设、劳动、工商等科（股）。民政科（股）是市辖区的民政职能机构。民政科（股）的主要职责是废除保甲制度，推动民主建设工作，建立区街政权以及街道办事处和居民委员会；推行基层选举，办理选民登记和审查选民资格等各项工作；开展社会救济，解决旧社会遗留下来的一系列社会问题；组织宣传发动群众，进行民工动员，支援抗美援朝和拥军支前工作；办理救灾工作；做好复退安置、婚姻登记、社团登记工作等。

全国各级民政干部积极发挥革命传统优势和思想政治工作的优势，经常深入基层进行调查研究，帮助民政对象解决各种问题，深受党和人民政府的重视以及广大人民群众的欢迎。新中国成立初期，广大民政干部为医治旧社会遗留下来的各种社会问题，巩固新生的人民政权，以及顺利完成社会主义改造等作出了重要贡献。

(四) 民政工作重点的调整

民政部门的职能任务是由一定历史时期的客观历史条件所决定的，是根据社会政治、经济发展需要，以及党和国家、人民的需要所确定的，并伴随社会客观条件、政治经济发展以及党和国家、人民需要的变化而调整。1950年到1954年之间，在北京召开的第一、第二次全国民政会议将政权建设、优抚、救灾确定为民政工作的重点。1954年底召开的第三次全国民政会议对民政工作的重点任务做了调整，进行了重新定位。

1950年7月，第一次全国民政会议召开。中央人民政府副主席朱德、政务院副总理董必武、中央人民政府秘书长林伯渠、中国人民解放军代总参谋长聂荣臻、中央人民政府政治法律委员会副主任彭真等到会并讲话。

这次民政会议的中心议题是民主建政工作。内务部部长谢觉哉作了《关于人民民主建政工作报告》，对一年多来全国各地的建政工作进行了简要总结，并对怎样开好地方各级人民代表会议并及时地代行人民代表大会职权选举各级人民政府，搞好城市、农村建政工作提出了意见。会议确定了政权建设、优抚、救灾是民政工作的重点，并且强调了民政部门的重要性。政务院副总理董必武在讲话中指出，我们应懂得建政工作乃是一切民政工作的中心环节，只要把建政工作做好了，其他工作也就容易推动。朱德副主席在讲话中强调，政府的民政部门是政府在组织人民群众工作上的助手。在民政部门工作的同志，应把组织群众作为自己的重大任务。要通过开好地方的人民代表会议组织群众去进行恢复和发展生产的工作，还要做好救灾和救济失业工人的工作。

会议还拟定了《革命烈士家属、革命军人家属优抚暂行条例》《革命残废军人优待抚恤暂行条例》《革命军人牺牲病故褒恤暂行条例》《革命工作人员伤亡褒恤暂行条例》和《民兵民工伤亡暂行条例》5个优抚条例。会后，党中央向各大区、省、自治区、直辖市党委批转了谢觉哉的《关于人民民主建政工作报告》。

1950年9月12日，《人民日报》第1版撰文《目前人民政权建设的主要任务》。文章指出，各级民政部门在目前有3项主要工作，这就是：民主建政、救济工作（包括救灾、优抚和城市社会救济等）和复员工作。所有这3项工作，都是积极性和长期性的工作，其中民主建政工作尤为重要。三者不可偏废和对立，应该通过民主建政去进行，不能因为忙于民主建政而将其他两件主要工作搁置不管。

1953年10月，第二次全国民政会议召开。内务部部长谢觉哉作了《民政工作四年来的总结和今后任务的报告》，肯定了4年来各级民政部门在党政领导下的工作，特别指出，在人民代表会议制度的建设，拥军优属，连年灾荒救济，反动统治遗留下来的许多社会问题的解决以及战勤动员、民工动员等方面都做了很多工作。这些工作对于巩固人民民主专政、恢复国民经济、支援人民解放战争和抗美援朝战争等都起了巨大作用。

中央领导同志朱德、董必武、彭真出席会议并讲话。朱德指出，民政部门的首要工作，是要加强政权建设，特别是基层政权的建设。要发挥乡政权在各种建设中的积极性与主动性，要给基层政权以必要的财政物质基础。其次，是要做好对烈属、军属、革命残废军人、复员转业军人的抚恤和安置工作。民政部门的工作必须以党在过渡时期的总路线为指针，为总路线服务。

会议通过《第二次全国民政会议决议》（以下简称"《决议》"），12月10日政务院第197次会议批准了这个决议。《决议》指出，民政部门工作必须进一步地为贯彻国家在过渡时期的总路线服务，为发展生产和社会主义改造服务。民政部门的主管业务是：政权建设、优抚、救济、地政、户政、国籍、行政区划、民工动员、婚姻登记、社会团体登记等，并对各项民政工作的方针政策都作了一系列规范性的重要规定。

1953年12月24日，《人民日报》第1版撰文《民政工作应积极为国家总路线服务》。文章指出，民政工作是和广大人民的生活密切联系的，只有加强工人阶级的思想领导，肃清资产阶级思想的影响，反对主观主义、官僚主义，树立深入实际、调查研究、走群众路线的作风，才能发挥人民的力量和智慧，才能取得成绩并获得人民的拥护。经验证明，只要把群众发动起来，任何艰巨的任务都能够胜利完成。各级民政工作部门还必须经常向党政领导机关请示报告，反对分散主义。只有这样，才能保证在执行政策中少出偏差，而且便于发动有关部门和下级政府的力量；必须善于主动地联系各有关部门，运用工作委员会的形式在党政统一领导下将各有关部门组织起来，分工负责，通力合作。当然，民政部门必须首先自己努力，不怕承担责任，才能争取各方面的协助。各级党委和人民政府，应经常关心民政工作，定期加以讨论。经常检查和督促民政部门，帮助他们提高工作效率，改进工作方法。

1954年11月，第三次全国民政会议召开。这次民政会议对民政部门的工作任务进行了重大调整。会议的第一阶段，主要讨论内务部部长谢觉哉关于《全国民政工作一九五四年总结和一九五五年的任务》的报告，报告要求把政权建设即实施《地方各级人民代表大会和地方各级人民委员会组织法》作为1955年的基本任务。中央领导同志朱德、

第二章 社会主义革命和建设时期的民政工作沿革（1949—1978年）

邓子恢到会并讲话。朱德讲话提出，现在宪法已经颁布，民政部门的主要任务就是遵照宪法规定，加强各级政权的建设工作，发挥各级政权在完成党的总路线和保证五年计划顺利实现的巨大作用……各级地方政府应在中央的统一领导之下，根据当地的各种条件，充分挖掘潜力，开辟财源，来促进地方的经济建设、文化建设和其他公共事业，以满足人民物质生活和文化生活的需要。加强乡政权建设的关键，主要在于把政权建设和发展互助合作运动结合起来，和发展农副业生产结合起来，同时还必须开好各级人民代表大会，并发挥其作用。

会议后期，国务院副总理陈毅代表党中央和国务院向大会作了重要报告。报告肯定了一年来全国民政部门在参加普选、改进和加强优抚工作，积极参与生产救灾运动，对城市和农村贫民的救济，以及在人口调查登记、婚姻登记、民工动员、地政管理等方面的成绩。他在报告中否定了内务部向大会提出的《全国民政工作一九五四年总结和一九五五年的任务》，严厉地批评了内务部领导把民政部门认为是领导政权建设工作的部门，把政权建设工作作为民政部门工作的重点，而把优抚复员、救灾和社会救济等工作放在次要地位的做法，这是一种方针上的错误，认为第二次全国民政会议没有从根本上进行思想批判和扭转，并仍然把政权建设工作作为民政部门的主要业务则是错误的。陈毅强调指出："这次民政会议，在前一阶段不仅没有纠正这个错误，反而借口贯彻地方各级人民代表大会和地方各级人民委员会组织法，把抓政权建设工作的调子越唱越高，大有包揽政权建设的全部工作之势。"[1] 并认为产生上述错误的思想根源主要是内务部在领导上存在着旧民主主义的观

---

[1] 中华人民共和国民政部. 民政部大事记［M］. 北京：内部资料，1954—1958.

点,几年来流行着的"民主建政"口号是极其错误的,只提民主,不提专政显然是片面的,是旧民主主义的观点,是违背马克思列宁主义原则的,因此主张取消"民主建政"的错误口号,仍提"人民民主专政"的正确口号。陈毅说:"民政部门的工作应该以优抚、复员、救灾和社会救济为工作重点,至于政权建设工作,民政部门只能在党委和政府部门的领导下,承担一部分具体的组织工作和技术工作。"① 会议后,内务部党组根据陈毅副总理的报告精神,重新制定了1955年民政工作计划。1955年2月,内务部党组向中央作了《关于第三次全国民政会议情况的报告》;3月,谢觉哉又向国务院第六次全体会议作了《第三次全国民政会议的报告》,这两个报告和陈毅副总理在第三次民政会议上的报告,分别经中央和国务院批转各地执行。内务部又发出了《为切实贯彻第三次民政会议精神的通报》,指出各省民政部门应把民政工作的重点转移到优抚、救灾和社会救济工作方面来。经过这次调整,内务部和地方民政部门在组织机构和干部配备上做了调整,减少了从事政权建设工作的编制和干部。

1955年4月30日,《人民日报》第1版撰文《民政部门要抓紧主要业务》。文章指出,第三次全国民政会议的精神,以优抚、复员、救灾、社会救济为主要业务,努力整顿和加强这些工作。这是完全适合实际情况和人民群众对于民政部门的要求的。湖北、云南、甘肃、新疆、陕西、吉林、黑龙江、青海、河北、广西、贵州等省,内蒙古自治区和天津市都召开了民政会议,对过去的工作进行了检查,对1955年的工作作了具体的部署。通过对过去工作的检查,暴露了优抚、复员、救灾

---

① 中华人民共和国民政部. 民政部大事记 [M]. 北京:内部资料,1954—1958.

<<< 第二章 社会主义革命和建设时期的民政工作沿革（1949—1978年）

和社会救济工作中存在的许多问题，暴露了在这些工作上不了解下情，存在着严重的官僚主义；同时，也用具体事实教育了民政干部，使他们认识到这些工作的重要性，应该努力做好。

第三次全国民政会议后，规定"各级民政部门以优抚、复员、救灾和社会救济为主要业务，并相应地做好其他各项民政工作"。这次会议强调了民政部门以优抚、复员、救灾和社会救济为重点，冲淡了人民政权建设与民主选举的工作内容，从而削弱了民政工作的开展及其社会作用的发挥，在一定程度上影响到了人民群众扩大民主的进程。此后的民政工作业务大致上仍然是第三次全国民政会议所确定的工作内容。

二、中华人民共和国成立初期的民政工作成就

中华人民共和国成立初期，围绕着党和人民政府的工作重心，内务部承担着改造旧社会、建立中华人民共和国的诸多工作任务。伴随自中央内务部、大区政府民政部（局），到省县区、城乡民政组织机构的逐步建立健全，各级民政部门积极工作，推进旧社会的改造，进行政权建设，帮助民政对象解决各种问题，为稳定社会秩序，巩固新生人民政权，恢复经济生产生活，推进社会主义改造等作出了积极贡献。

（一）基层政权工作为建立和巩固人民民主政权作出贡献

中华人民共和国成立后，全国各地的人民民主政权刚刚诞生，要建立和健全民主生活和民主制度，需要进行大量的工作。为此，中国共产党中央人民政府指示民政部门，要把政权建设的具体事务作为主要任务之一，一开始就把政权建设工作定为主要工作。1953年，内务部提出《城市街道办事处组织条例》和《城市居民委员会组织条例》，1954年1月发布《关于健全乡政权组织的指示》，积极而有开创性地开展基层

政权工作，为建立巩固人民民主政权作出了贡献。第一、第二次全国民政工作会议确定的工作重点之首就是政权建设。

民政部门在各级人民政府及选举委员会的领导下，与有关机构密切配合完成普选工作。全国普选工作的完成和各级人民代表大会的召开，是我国人民民主专政制度建设更加完备的发展，它标志着在国家政权建设进入了新的发展阶段。实践证明：人民代表会议和人民代表大会，有利于工人阶级实现领导，有利于最大多数的人民群众集中和实现其意志，是能够充分教育人民、发动人民参加祖国建设的主要组织形式；同时也是党和国家代表人民、为了人民和依靠人民逐步实现过渡时期的总路线和总任务，是引导国家走上社会主义建设道路的有力武器。

为适应国家社会主义工业化和社会主义改造的需要，民政部门加强了城市和工矿区的政权建设工作。民政部门还学习苏联的先进经验，系统地研究总结和继续创造城市、工矿区、小城镇政权建设及召开人民代表会议或人民代表大会的经验。各大中城市依照中央人民政府政务院颁布的《城市居民委员会组织条例》《城市街道办事处组织条例》，完成了建立居民委员会与街道办事处的工作，已建立起来的也进一步加以整顿提高。

民政部门加强和健全农村政权组织，使之适应农业互助合作运动发展的需要。指导乡人民政府按生产合作、文教卫生、治安保卫、人民武装、民政、财粮、调解等方面的工作分设工作委员会；提出，必要时经县批准可设临时工作委员会，工作完毕后即行宣布撤销；强调各委员会应在一人一职的原则下吸收乡人民代表、积极分子及有专长的人参加工作。民政部门还总结农村基层政权的组织、制度如何适应和促进农业互助合作运动发展的经验，并通过布置与总结工作，加强对乡村干部的教育,提高其政策水平,改进其工作方法。

民政部门在政权建设上的具体任务是:(1)督促检查下级人民政府关于召开人民代表大会或人民代表会议的工作。检查下级人民代表大会或人民代表会议是否按照中央规定及当地工作需要及时召开,人民政府的重大工作是否交人民代表大会或人民代表会议讨论并作出决定,政府委员会的会议制度是否健全。总结推广好的经验,批判纠正错误的做法。(2)研究改进行政区划及地方政权特别是基层政权的组织形式,使之符合于当地经济、政治等条件及民族分布情况,有利于劳动人民管理国家的事务和自己的事务。(3)通过人民代表大会或人民代表会议,搜集人民群众对党和政府的政策、法令的施行及对政府工作特别是对基层政权工作人员作风的意见,及时反映给党政领导机关,并提供改进意见。(4)协同各部门进行有关同级人民代表大会或人民代表会议的筹备及其他具体工作。(5)与各级民族事务委员会密切配合,进行少数民族地区的政权建设工作。[①]

1955年年初,第三次全国民政会议根据中央领导同志的指示,要求民政部门把工作的重点转移到优抚、复员、救灾、社会救济等工作上来。至于政权建设工作,民政部门只在党委和政府部门的领导下,承担了一部分具体的组织工作和技术工作。

(二)探索推进农村救灾和城市救济工作,确立了中华人民共和国救灾救济工作的基本思路

从土地革命战争时起,共产党就将救灾工作作为一项重要工作。中华人民共和国成立后,虽大力推进防灾设施建设,但是在相当长的一段

---

① 中华人民共和国内务部.第二次全国民政会议决议[Z].西安:陕西政报,1954(2):5-11.

时间内，自然灾害尚难以避免。而个体农民的抗灾能力又十分薄弱，因此必须做好农村的救灾工作，以保护和恢复生产力，保证农业生产计划的完成，促进农业互助合作的发展。

1949年11月，内务部刚成立，就针对我国遭受特大水灾的情况，召开各重灾省、区的救灾汇报会。长江、淮河、汉水以及海河流域的多条河流都发生了严重的决口、漫溢，灾情遍及16个省区，其中较为严重的有河北、安徽、江苏、山东、河南、平原等6省，成灾面积达1.28亿亩，成灾人口4550万人，需要救济的灾民占受灾人口的60%。在汇报会上，内务部强调要贯彻"节约防灾，生产自救，群众互助，以工代赈"的救灾方针，提出"不许饿死人"，并要求各灾区政府把救灾工作作为一项政治任务来抓。

12月，内务部依据中央人民政府政务院发布的指示精神，发出《内务部关于加强生产自救劝告灾民不往外逃并分配救济粮的指示》。其中提出，最近有些灾区发生灾民往外逃的严重现象。据东北、中原、山西、察哈尔等省电称：屯留、榆次、汾阳、沈阳、郑州、洛阳、开封的灾民甚多，要求政府赈济。为了克服灾民往外乱逃现象，现提出4条解决办法：（1）灾区主要是发动群众生产自救，当地政府必须大力解决原料、运销和资金困难，并结合以工代赈，使灾民就地得以安置，同时要劝告灾民不要外逃，以减轻邻省邻区的困难。（2）对生活确实无着落而又势必外迁的严重灾区，须有计划地统一疏散到邻近非灾县份安置或做重点移民，如属同一行政区（如东北之辽西灾民移往黑龙江）一省范围，则由该区（省）自行办理；属两区或两省之移民，应报告本部办理。（3）对少数确有亲友可投或能自谋生之灾民，经区以上政府审查后，可发给证明赴指定地点自行解决生活，各地区不得阻留。

(4) 已逃至各地区之灾民，不得强行遣送回籍，应发动当地群众，在自愿原则下互助互济。中央为照顾华北区安置中之困难，特分配山西8万斤、平原9万斤、河北9万斤、察哈尔3万斤、绥远1万斤救济粮，作为该地区对外籍灾民安置之用，但必须用于支持生产资金，不做单纯救济（其他各大行政区仍照旧自行筹拨并报上级备案）。

救灾工作积极贯彻生产自救、节约度荒、群众互助并辅以政府必要救济的方针，在各级政府领导下组织生产救灾委员会，并由相关部门协同进行。在农村救济工作中，民政部门的具体任务是：及时掌握灾情，做好救济粮款的发放工作，检查救灾政策的执行情况，总结交流救灾工作经验。在救灾中，有灾地区应及时掌握灾情，建立报灾制度，加强灾情统计工作，以提高救灾工作的主动性和计划性。灾情发生后，有灾地区应即依据已有材料，对受灾田亩和受灾人口分别轻重作出灾情的全面估算，并据以编造临时预算，拨款进行急救。受灾农作物收获后，结合农业税征收工作评产定灾，核实灾情，再续拨必需的救济费。核实灾情应以当地农业税减免标准为依据进行统计，因灾歉收农业税全部免征。

在救灾中，民政部门强调要充分发动灾民进行生产自救，以克服灾后的困难，并对救灾工作提出诸多要求，诸如政府发放的救济粮款是为了救护灾民的生命，稳定灾民的情绪，维护灾民的劳动力，支持灾民进行生产，渡过灾荒。救济粮款有重点地投放在重灾区和迫切需要的方面，及时发到灾民手中，并应尽可能地集中发放，以便于配合有关部门组织灾民从事农业和副业生产。各省依照灾民生产自救能力的大小和缺粮程度等条件，确定救济对象、标准和时间。要贯彻生产自救和发动群众互助的方针，依靠农业生产互助合作，更多发挥群众力量，增强抗灾能力；适当地利用群众之间原有各种互助形式，发挥群众度荒的潜在力量。在重灾区，因农民家底一般比较空虚，除亲邻自愿相互帮助外，不要勉强农民实行社会互济，以免影响农民内部团结和部分农民的生产积极性。现有的义仓，不应再增添，应加以整顿，使其逐步向信用合作社方向发展，今后不应再提倡举办义仓。以工代赈在救济工作上发挥过很好的作用，水利、交通、农林等部门在灾区举办各项建设工程时，在不影响农业生产的原则下，应组织有劳动力的灾民参加，但所付工资不得过低，更不应动员灾民做义务工。同时，也不应不按经济核算制的原则，因救灾而扩大建筑工程的费用。

对于城市无依无靠、无法维持生活的残老孤幼和贫民以及游民等，民政部门提出，应根据必要和可能按其有无劳动力分别予以教养、救济或劳动改造，对一切有劳动能力的人，应设法使其在城市或去农村参加劳动，以自食其力。对无法维持生活的贫苦市民，应鼓励和帮助其自谋生活，必要时应扶助他们进行各种经常或季节性的合作社性质的手工业及小型加工生产，或参加以工代赈。对无依无靠、无法维持生活的残老孤幼，予以必要的救济。对不能维持生活之贫苦市民以及因水火灾害、疾病、死亡、生育等不能生活需要救济者，予以临时救济。继续整顿生产教养院，生产教养院应收容教养无依无靠、无法维持生活的残老孤幼，不应不分对象地乱收，对已收容者应进行审查清理。对游民乞丐应组织他们参加劳动，使之自食其力，实现就业。生产教养院应根据投资少、容人多、操作容易等原则，组织收容人员从事各种可能的生产劳动，如农业、手工业、加工工业及参加工程队等。对收容的学龄儿童应采取半工半读的办法，施以初等文化教育和可能的技术教育，培养其自谋生活的能力。必须加强对生产教养院的领导，适当配备干部，改进对收容人员的管理方法，加强思想教育，对参加人员实行劳动奖励，根据

<<< 第二章　社会主义革命和建设时期的民政工作沿革（1949—1978年）

不同对象规定适当的改造期限，严禁打骂虐待和其他违法乱纪现象。这一时期，在农村救灾和城市救济工作实践中，逐步探索确立了中华人民共和国救灾救济的基本工作思路。

（三）做好复员安置工作，调动了广大复员军人建设社会主义的积极性

中华人民共和国成立后，为了尽快医治战争创伤，恢复经济，落实《共同纲领》提出的"关于参加革命战争的残废军人和退伍军人，应由人民政府给以适当安置，使能谋生立业"要求，从1950年开始中央军委和政务院就发布了志愿兵复员工作的决定，开始有计划、大规模地推动志愿兵复员工作。后来虽然因抗美援朝战争的爆发而暂时中止，但到抗美援朝战争结束后，又接着进行大规模的复员安置工作。大批军人积极响应国家号召，投身农业生产。这支复员大军能否得到妥善安置，能否顺利完成从军到民的角色转换，不仅关系到他们个人前途，更关系着新生人民政权的稳固、现代化国防的构筑以及社会主义经济建设的顺利进行。

安置好大批复员军人是当时国家的一项重要任务。人民革命军事委员会、政务院联合发出的《关于人民解放军1950年的复员工作的决定》明确指出："复员军人是人民功臣。除由中央人民政府另议颁发革命战争纪念章以志功绩外，地方人民政府、人民团体对复员军人，应给以应有的尊重和政治待遇，并根据其具体情况，尽量吸收其参加各项会议和工作，使其能成为地方建设的骨干。"[1] 1952年中央建设委员会从"政治任务"高度，要求正确对待复员军人，强调："教育干部与群众

---

[1] 国务院军队转业干部安置工作小组办公室. 军队干部转业复员工作文件汇编（1950—1982）[G]. 北京：劳动人事出版社，1983：10.

充分认识妥善地安置回乡转业军人是加强国防与国家经济建设之重要力量,是各级人民政府和广大群众的政治任务。"① 1954年10月,国务院发布《复员建设军人安置暂行办法》,针对近几年安置工作中出现的问题,制定了复员军人安置的具体政策和办法。1955年5月,国务院发布的《关于安置复员建设军人工作的决议》指出,妥善安置复员军人,使他们各得其所,在各个工作岗位和生产战线上发挥积极作用,是国家一项长期的重要政策。1956年8月,国务院发布《关于安置复员建设军人工作的奖励办法》,对于在复员工作中有显著成效的机关单位给予一定的物质奖励和精神奖励。这一系列法规和政策的出台对复员对象、复员程序、复员待遇、复员军人医疗、复员手续、复员军人安全回乡等问题都作出了详细规定,初步构建了我国军人安置保障的制度体系,为复员军人顺利安置,及完成角色转换提供了法律保障。

民政部门遵照党中央指示,积极做好复员志愿兵的安置工作,到1958年安置工作基本结束时,国家共投入15亿元,全国共接收安置复员志愿兵480多万人。为了使这批退下来的"有功之臣"得到及时妥善的安置,毛泽东发出"妥善安置,各得其所"的指示。1950年7月,以周恩来为主任、聂荣臻为副主任的中央复员委员会成立,统一领导全国军人复员转业工作,各大行政区、省、专署、县、区、乡等均成立相应的机构,负责本级所辖地区的复员安置工作。同时,还从民政、财政、交通、兵役等部门抽调部分人员建立办公室,处理复员工作的日常事务,从而为复员军人的妥善安置提供了强有力的组织保障。相应地,各个地方普遍成立"复员委员会",1951年改为"转业军人建设委员

---

① 国务院军队转业干部安置工作小组办公室. 军队干部转业复员工作文件汇编(1950—1982)[G]. 北京:劳动人事出版社,1983:116.

会"。为加强复员安置工作领导，周恩来先后担任复员委员会和转业军人建设委员会主任，妥善解决安置工作中的各种问题，调动了广大复员军人建设社会主义的积极性。

为了确保复员军人顺利返乡，在全国许多地县市区以及村镇都设立复员军人招待站，专门负责来往复员军人的欢迎、接待、转运及食宿等工作。招待站以多种方式迎接复员军人，如举行敲锣打鼓的热情欢迎仪式，或召集各界代表座谈会、群众欢迎会等。这些方式使复员军人感受到了政府的关怀和家乡的温暖，打消了他们初到新环境后的诸多顾虑，帮助其尽快适应新的社会角色。

（四）重视婚姻法制建设，建立婚姻登记法规体系

1950年4月，中央人民政府委员会第七次会议通过《中华人民共和国婚姻法》。新的婚姻家庭观念深入广大群众的头脑需要一个过程，而这个过程的长短很大程度上取决于新生政权的宣传和婚姻法实施的方式及力度。从1950年4月13日婚姻法审议通过，到4月30日《中华人民共和国婚姻法》正式实施这个时期，成为宣传婚姻法的重要时段。1950年4月16日，《人民日报》全文刊登《中华人民共和国婚姻法》，为全国人民学习婚姻法提供了权威的文本。17日，《人民日报》发表署名文章《切合需要的婚姻法》。该文章论述了婚姻法颁布的时代意义，指出它顺应了历史潮流，符合时代的需要。同时指出，当时的婚姻状况令人担忧，全国封建婚姻还普遍存在，干涉婚姻自由的状况不容忽视。经过半个多月的努力，党中央在宣传婚姻法的意义和基本原则方面，摸索出了一些指导婚姻工作的方式方法，为后来大规模地学习、宣传婚姻法打下了基础。在宣传婚姻法的同时，司法机关在同级党委和上级司法机关的领导及监督下，积极处理婚姻家庭案件，用实际案例帮助广大干

部和群众学习婚姻法。

4月30日,毛泽东签发命令,《中华人民共和国婚姻法》自1950年5月1日施行。这是中华人民共和国的第一部婚姻法,也是中华人民共和国制定的第一部法律。该法规定,结婚、离婚、恢复婚姻关系者要到当地人民政府婚姻登记机关进行登记,婚姻登记机关必须严格遵照婚姻法办事,对于符合婚姻法规定条件的准予登记,并发给结婚证或离婚证;对于不符合婚姻法规定条件的,不予登记。

1953年,为了彻底摧垮封建婚姻制度,消除包办买卖婚姻、虐待妇女和因婚姻不自由而致人死亡的现象,树立男女平等、婚姻自由的新民主主义婚姻观念,从而建立民主、和睦、团结的新式家庭,以保证国家经济建设的顺利进行,党中央认为必须开展一个大规模的宣传和检查婚姻法执行情况的群众运动。1953年2月,周恩来总理发布了《关于婚姻法的指示》。该指示认为:"全国各地执行婚姻法已有不少的成绩。但各地发展是不平衡的。"这种不平衡表现在:至今还有大部地区,由于领导机关和干部对婚姻法缺乏全面正确的了解,因而也不能严肃地、正确地宣传婚姻法与处理婚姻纠纷,甚至有些干部对执行婚姻法采取抗拒的态度,支持旧的封建恶习,干涉婚姻自由。以至于在这些地区包办买卖婚姻还很流行,妇女继续受压迫、受虐待,甚至因婚姻不自由而自杀或被杀的现象依然不断发生。死者多系青壮年,而且大部分是妇女。这不仅侵犯了妇女的平等权利和婚姻自由,而且影响了人民内部的团结,影响了国家的生产建设和社会秩序。基于此,该指示强调:(1)要很好地宣传执行婚姻法工作是一个长期的过程。(2)贯彻婚姻法必须在广大干部和群众中进行宣传教育。(3)全国各地均应以1953年3月作为宣传贯彻婚姻法的运动月。(4)深入进行爱护革命军人及其家属的教育。(5) 要保护、救济和临时安置一些在斗争中暂时遇到生活上的困难的妇女。(6) 各地研讨并制定开展贯彻婚姻法运动方案等。这次有关婚姻法的宣传运动，就其广度和深度来说，是中华人民共和国成立以来系统的、规模空前的一次宣传贯彻婚姻法运动。在婚姻法宣传工作做得好的地区，基本上已做到家喻户晓、深入人心，并切实起到了移风易俗的作用。

为了通过婚姻登记来保障婚姻自由，防止强迫包办；保障一夫一妻制，防止重婚纳妾；保障男女双方和下一代的健康，防止早婚和亲属间不应结婚的婚姻，防止患有不应结婚的疾病传染和其他违反婚姻法的行为，1955年6月，内务部发布《婚姻登记办法》，对婚姻登记的目的，登记机关的设置、申请、审查和登记的具体程序，婚姻当事人和婚姻登记工作人员的注意事项等做出了明确的规定。婚姻登记机关的建立对于保障合法婚姻的确立，防止违反婚姻法规定的婚姻关系等的发生起到了重要作用。

第二节　计划体制建构时期的民政工作
（1954—1966年）

1954年9月，第一届全国人民代表大会召开，会议通过了《中华人民共和国宪法》及其他法律。全国人大会议还结合实际对国务院及其组成机构进行了较大幅度的调整，内务部的机构设置及其职能也相应调整。部分内务部主管业务外移，民政工作重点逐步转移到优抚、救灾和救济工作上来。到"文化大革命"开始前，民政机构与民政业务大致上经历了一个调整、充实、精简的过程。

一、计划体制建构时期民政工作机构与民政工作

1954年召开的第一届全国人民代表大会制定国家宪法，对国务院及其组成机构进行调整，奠定了内务部职责机构设置的基本框架。此后，民政部门主管职责业务在调整中逐步趋于稳定。伴随着计划经济体制的建立，民政部门在推动经济建设、维护社会稳定、解决特定及弱势群体问题中的作用逐步发挥出来。

（一）计划体制建构时期中央民政机构与民政工作

1954年9月，第一届全国人民代表大会第一次会议制定并通过了中华人民共和国第一部根本大法——《中华人民共和国宪法》。10月，《中华人民共和国国务院组织法》颁布。作为中央人民政府的国务院，其组成机构也据此进行了较大的调整。经过调整，国务院共设有64个工作部门，其中包括30个部、5个委员会、20个直属和其他机构等。《中华人民共和国国务院组织法》第二条规定，"中央人民政府内务部"改称"中华人民共和国内务部"。内务部在国务院60多个工作部门中仍为第一部，负责全国民政工作管理。内务部受国务院领导，接受国务院政法办公室的指导。1960年12月，国务院政法办公室撤销后，内务部直接受国务院的领导。1963年4月，国务院成立内务办公室，分管内务部、公安部、国家民委和宗教事务局。内务部行政上受内务办公室领导，党务受中国共产党中央政法小组领导。这种双重领导一直持续到1969年1月3日内务部被撤销。

第三次全国民政会议后，内务部承担的政权建设及民主选举工作逐步淡出视野，优抚、复员、救灾和社会救济工作被列为全国各级民政部

第二章 社会主义革命和建设时期的民政工作沿革（1949—1978年）

门的工作重点。在此背景下，内务部的内设机构也做了相应的调整。1955年5月，国务院批准内务部的机构调整为：办公厅、财务干训司、优抚局、农村救济司、城市救济司、民政司、户政司。与原来相比，增设了财务干训司；撤销地政司，其业务归入民政司；社会司改名为城市救济司，原社会司主管的婚姻、社团、礼俗等工作并入户政司，民工动员工作并入民政司；救济司改名为农村救济司，主管农村的自然灾害救济和农村的社会救济。

1955年10月，为了精简机构，紧缩编制，内务部撤销户政司，将其业务移交民政司。11月，根据周恩来总理指示，中国人民救济总会和中国红十字会合署办公；中国人民救济总会所主管的国内救济工作并入内务部，国际救济工作划归中国红十字会；同时，原由中国人民救济总会领导的盲人福利会和新成立的聋哑人福利会筹备委员会划归内务部主管。

1955年以后，民政工作机构设置又有几次重大调整：1956年1月，国务院决定把内务部掌管的农村户口登记、统计工作和国籍工作交给公安部门管理；1956年5月，移民工作由农业部移交内务部主管，内务部提出增设移民局；1956年6月，根据游民改造任务和城市贫民移民、灾区移民工作的需要，国务院重新核定内务部的编制，同意设立如下机构：办公厅、优抚局、移民局、农村救济司、城市救济司、民政司、游民改造司、计划财务处；1956年8月，内务部成立参事室；1956年12月，内务部、城市服务部联合发出通知，将城市房管工作由内务部移交城市服务部管理；1958年3月，国务院决定将移民工作连同机构、人员移交给农垦部；1958年6月，国务院秘书厅发出通知，根据1957年11月23日国务院常务会议的决定，撤销中央转业建设委员会，其工作分别由总参动员部和内务部负责；1958年8月，根据国务院关于工作体制和财政体制决定的精神，撤销了计划财务处和参事室，将农村救济司改为农村救济福利司，将城市救济司改为城市社会福利司。内务部的机构调整为：办公厅、优抚局、农村救济福利司、城市社会福利司、民政司5个司局；1959年4月，中共中央决定，将国务院直属的政府机关人事局改为内务部管理；1959年6月20日，第二届全国人大常务委员会第四次会议批准国务院撤销国务院人事局，其业务改由内务部管理；1959年7月，内务部成立政府机关人事局。内务部在原有机构设置基础上增加1个局级单位，部下设机构增加到6个司局。

在内务部职能机构的逐步调整过程中，从1958到1960年，先后召开了第四、五、六3次民政会议，讨论民政部门如何围绕党和政府中心任务开展工作，谋划民政重点工作。1958年5月，第四次全国民政会议召开。会议着重讨论了各项民政工作如何贯彻社会主义建设总路线，推动民政工作全面"大跃进"的问题。会议总结报告提出了贯彻党的社会主义建设总路线，推动民政工作全面"大跃进"的主要工作：第一，通过优抚、复员和战勤工作，对鼓舞士气、巩固国防起了重大作用；第二，通过优抚和救济福利工作，对鼓舞广大人民的政治积极性和生产积极性起了很大的作用；第三，生产救灾、移民垦荒和组织社会福利生产起了直接促进生产发展的作用；第四，通过在政权组织建设方面所做的许多具体工作，对建立和健全人民民主专政制度，保证社会主义革命和社会主义建设的胜利进行也起了一定的作用；第五，通过改造游民、烟民、妓女等项工作，化消极因素为积极因素，对安定社会秩序起了很大作用。

1958年6月30日，《人民日报》第1版撰文《民政工作也要以生产为中心》。该文章指出,多快好省地发展生产是党的社会主义建设总路线的核心,也是各级党委经常的中心任务。民政部门必须围绕这一中心任务去安排自己的各项工作,使各项民政工作都能很好地为党的中心任务服务。

1959年7月,第五次全国民政会议召开。会议总结了1958年民政工作取得的重大成绩和丰富经验,提出党的社会主义建设总路线,调动了烈军属、荣复军人、社会残老人员和城乡贫民在各自岗位上参加社会主义建设的积极性;发展了社会福利生产,举办社会福利事业使优抚救济工作增加了新内容,并使烈军属荣复军人和城乡贫民、肢体残缺者的生活福利有所提高;推动了农村群众积极开展生产生活安排以及救灾工作。会议提出民政部门要着重做好如下工作:救灾、优抚和复员安置、社会福利生产、三年严重困难、社会福利事业、政府机关人事工作、行政区划工作和基层选举等。会议还对工作中的一些具体问题提出处理意见,诸如不归当地民政部门领导的省、自治区、直辖市人民委员会的人事局,在业务上受内务部的领导;公社食堂工作,一般不宜列为民政部门的任务,但有些地方党委决定民政部门参与食堂工作的,则应当在党委的统一领导下,积极地协助有关部门做好这项工作;继续做好地方选举、基层政权组织建设的具体任务,以及行政区划、土地征用、婚姻登记、婚丧礼俗改革等工作。

1960年3月,第六次全国民政会议召开。会议强调,坚决贯彻执行中央制定的民政工作方针、任务和政策,为实现1960年民政工作的连续跃进而斗争。陈毅在会议上就国际形势和民政部门工作任务作了讲话,他指出,要进一步加强优待抚恤和复员安置工作;切实做好救灾和社会救济工作;积极研究和参加城市街道组织居民生产和集体福利事业的工作；承办政府机关人事工作；办好选举工作。这次会议强调了民政部门在社会主义建设中所承担的重要职责及主要任务，对做好民政工作发挥了指导作用。

1960年12月，根据周恩来关于精简机构、下放干部、加强农业生产第一线的报告精神，中共内务部党组决定撤销民政司，把该司原主管的行政区划及选举事务连同3名干部一并交由国务院秘书厅承担；婚姻登记、土地征用等工作移交给本部办公厅。另外，原来司局（厅）以下的单位，除办公厅设有"处"外，其余司局都设的是"科"，现在一律改为"处"，以强化统一管理。1961年10月，国务院领导指示将选举事务和行政区划工作仍移交内务部管理；11月，内务部党组报请国务院批准，恢复了民政司，并将婚姻登记、土地征用和殡葬改革工作划归给民政司管理。1964年1月，国务院批复同意内务部设立：办公厅、民政司、农村救济福利司、城市社会福利司、优抚局、政府机关人事局6个司局。在这个时期，除了上述职能业务调整和变化外，内务部还接受了两项全新的工作内容，一项是收容遣送工作，另一项是殡葬改革工作。

（二）计划体制建构时期地方民政机构与民政工作

与国务院设置内务部相对应，地方各级行政管理机构都设有相应的民政工作部门：省、自治区人民政府设有民政厅；直辖市和较大的市设有民政局；县设有民政科（局）；省派出机构专署设有民政处；农村基层政权乡镇人民公社设有专职或兼职的民政助理员。这样就自上而下逐步建立起了比较完整的民政工作机构体系。各级政府的民政厅（局、处、科）在"文化大革命"前都是各级人民政府的常设机构。

1954年到1966年"文化大革命"前夕，地方各级民政部门的内设

第二章 社会主义革命和建设时期的民政工作沿革（1949—1978年）

机构大致上同中央政府的内务部相同，如省级民政厅（局）下设有办公室、民政、社会、优抚、农村救济（灾）、社会救济、财务以及信访、转建安置、老根据地恢复建设、生产救灾、移民、侨务等科室（局、处）。1958年2月，根据党的八届三中全会精神和中央"下放干部进行劳动锻炼"的指示，以及人民群众对组织机构设置提出的意见，对各级民政部门的内设机构做了一些局部调整，并将科室统一改为处室。20世纪60年代以后，由于中央内务部业务调整，地方民政机构也做了相应调整。到"文化大革命"前夕，民政部门管理的基层政权建设、政府机关干部人事工作、民政事务、侨务工作、移民支边、地图编制、户籍、地政等项业务，有的已经完成历史任务，有的移交给别的部门，有的则单独设置机构管理。随着民政工作范畴的变动，机构也随之进行调整，省以下地市县区级民政机构内设的科股室，大致上同中央内务部和省民政厅（局）相同，一般设置民政、优抚、社会福利、农村救济等业务机构。

从1954年到1966年，我国经历了社会主义改造时期，由于新民主主义革命的完成和抗美援朝战争的胜利，一部分民政业务已完成其历史使命，整个民政工作目标转移到为党的过渡时期总路线服务，为发展生产和社会主义改造服务上来。民政工作的重点首先是优抚、复员安置、救灾救济，其次是行政区划、社会福利、收容遣送、婚姻登记、殡葬改革工作，同时还有侨务、移民、宗教等工作。民政工作紧紧围绕党的中心工作，推动烈军工属和革命伤残军人的优待抚恤，组织安置复员军人参加社会主义建设，动员人民群众支援部队建设；通过优抚和救济、福利工作，鼓舞广大人民群众的政治生产积极性；组织生产救灾、移民支边，举办社会福利生产和福利事业，促进工农业的恢复发展；通过收容安置社会闲散人员，改造流氓、懒汉、赌徒等工作稳定社会秩序；做好基层政权建设，促进基层民主，建立健全人民民主专政制度，促进社会主义革命和建设事业的顺利进行。

二、计划体制建构时期的民政工作成就

1954年一届全国人大会议召开，国家政治制度建设逐步推进。在社会主义改造完成后，我国以公有制为基础的社会主义社会初步建立。在随后的社会主义建设中，我国开始模仿苏联探索建构计划经济体制。在此过程中，民政工作强调从生产出发，为社会主义生产和建设服务，服务于党在过渡时期的总路线和总任务。民政职能机构设置经过多次调整，工作内容不断充实。民政部门无论是在优待军烈属、接收安置复员退伍军人、开展双拥工作，还是在创办社会福利事业、社会福利生产、开展社会救济、建立"五保"制度、承担移民支边、民族侨务等任务方面，都做了大量的富有成效的工作。

（一）优抚事业单位的建立及扩充对促进优抚安置事业发展起到积极作用

中华人民共和国成立以来，国家对革命功臣人员，残、病、孤老、年幼等优抚对象给予特殊的关怀和照顾，先后兴建了各种类型的优抚事业单位，诸如荣誉军人学校、革命伤残军人休养院、复员军人慢性病医院、复员军人慢性病疗养院、复员退伍军人精神病院、烈士子女学校、光荣院等予以安置照顾。为了缅怀革命烈士的英雄事迹，还举办了烈士纪念馆（堂）等，为了给复员回家的退伍军人及过往部队提供服务，创办了军供站、供水站、转运站等服务设施。这些单位的创立，为国家做好优抚工作提供了基本的物质保证，同时也对国防建设、安定军心民

心起到积极的促进作用。

为了对战争年代的有功之臣、残废军人、伤病军人以及革命烈士的遗孤、孤老、烈军属等给予妥善安置和照顾,自1952年起,全国建立了67所革命伤残军人学校、21所革命烈士子女小学和1所革命烈士子女中学(1955年8月,该烈士子女学校转为普通学校,交由教育部门管理)。1953年,全国共创立了34所革命伤残军人教养院、疗养院。抗美援朝初期,各地根据政务院指示在铁路沿线建立了第一批军用粮站,此后在铁路和水路交通沿线建立了军用饮食供应站和饮水供应站(简称"军供站")。1965年4月,原总参谋部和内务部制定的《军用饮食供应站、供水站组织管理暂行办法》促进了军供事业发展。在"大跃进"和"反右倾"背景下,加上1959年开始的三年严重困难(1959年到1961年),我国经济建设遭遇严重困难,国家和人民也受到重大损失。但是,党和国家在极其困难的情况下,毅然使优抚事业单位得到保留,并有所发展。1962年,全国革命伤残军人休养院(教养院改为休养院)有18所,革命伤残军人疗养院有21所。民政部门还有计划、有重点地举办了复员军人慢性病疗养院,到1962年全国复员军人慢性病休养院发展到340所。国家在革命根据地和孤老烈属较多的地方,除了在政治和生活方面给予其关怀和照顾,还举办了烈属养老院,到1962年共创办烈属养老院1011所。在三年困难时期,优抚事业单位工作人员积极组织休养人员进行力所能及的生产劳动,充分利用空地、水塘进行农副业生产,以改善休养人员的生活,迎接社会主义建设事业的逐步恢复,力图重新恢复欣欣向荣的景象。

(二)在党和政府的支持下,大力推进社会福利事业发展

中华人民共和国成立后,政府接收了一批旧社会遗留下来的慈善机

构，包括宗教组织、慈善组织等举办的"老残所""孤儿院""育婴堂""救济院""贫民习艺所"等，政府对这些机构和团体进行改造，使其真正成为为人民群众谋福利的事业单位。同时，根据社会救助需要，政府还在大中城市建立了一批教养院，在1956年对其进行调整和整顿时，将孤儿照料与残老照顾机构划分开来，分别设立残老教养院和儿童教养院。上述单位除安置一批孤老残幼外，还对旧社会遗留下来的无家可归的妓女、流浪乞讨人员、有轻微劣迹的游手好闲人员等进行了教育改造，使其由社会上的无用甚至有害人员变成对社会有益有用的人员。1958年召开的第四次民政会议将上述单位正式命名为社会福利事业单位，并且提出民政部门还要兴办精神病院。1963年召开的全国民政厅局长会议上又提出："省专区和大中城市民政部门应该办好儿童教养院。"这都促进了社会福利事业的大发展。1954年，全国的福利机构已经收养社会孤老、孤儿、残疾儿童以及精神病人20多万。到1964年全国城市已经有社会福利事业单位1054所，共收容各类人员139994人。

1953年7月，中国盲人福利会正式成立，其由旧社会时建立的"中国盲民福利会"改造而成。1956年2月，中国聋哑人福利会成立。两会配合政府开展残疾人的生产自救，还在残疾人福利方面积极工作。1956年，为安置伤残军人的工作，国家陆续兴办了一些盲人按摩学校。同时，在农村推行建立高级合作社以后，出现了农村敬老院。1959年4月，内务部在湖北省召开了全国老残儿童教养、精神病人疗养工作现场会议。根据会议报告，当时全国共有残老教养机构373处，收容残老人员64991人；精神病人疗养机构128处，收容病人12388人。为了办好这些福利事业单位，会议着重讨论了残、老、儿童教养和精神病人疗养

<<< 第二章 社会主义革命和建设时期的民政工作沿革（1949—1978年）

工作的性质、作用，以及各项工作方针。1960年召开的第六次全国民政会议对安置残疾人就业的生产单位，提出了要正确贯彻劳动、教育、治疗、福利四结合的原则。这次会议的召开以及对各类社会福利单位的肯定，使得安置盲聋哑残人员的工作有所发展。到1965年，经过调整和整顿，各类福利生产单位还有1089个。1951年11月，政务院在"关于改革学制的决定"中提出："各级人民政府应设立聋哑、盲目等特种学校，对生理上有缺陷的儿童、青年和成人施以教育。"这奠定了我国特教事业的基础，使得残疾人教育成为我国社会主义教育事业的一部分。1959年，全国盲聋哑学校已经发展到297所，为残疾人教育的发展进步奠定了基础。

我国社会福利事业单位主要接收流散在社会上的"三无"人员（无依无靠、无家可归、无生活来源者），包括孤、老、残、幼和精神病人。中华人民共和国成立，由于当时的经济状况不佳，国家给社会福利事业提供的支持受到一定制约，加之针对特定弱势群体，这都使我国的社会福利事业处于缓慢发展状态。

（三）推动城乡殡葬改革，打破旧社会遗留的丧葬习俗，推动丧葬新风气的形成

"厚葬祖先，荫泽子孙"是中国几千年的传统文化习俗。我国几千年普遍实行的木棺土葬，大操大办丧事，子女披麻戴孝、三跪九叩，宴请亲友等仪式造成很大浪费，很多贫苦人家不堪重负。

1950年10月，中央五大书记之一的任弼时同志病逝。中央成立了以毛泽东为首的治丧委员会，为任弼时举行了隆重的追悼会和送葬仪式。办完任弼时的丧事后，毛泽东多次对刘少奇、周恩来等中央领导人讲，任弼时同志对中国革命贡献大，对其进行厚葬是必要的。但我们死

后如果都这样葬,是不是有些浪费了?这时毛泽东就已在考虑酝酿在党内,特别是领导干部中应该带头实行一种节俭的丧葬方式。1954年年初,毛泽东在杭州西湖看到湖周围有大大小小许多坟墓时,很忧虑地说,死人与活人争地不好。1956年4月,中国共产党中央政治局扩大会议在北京举行期间,毛泽东接收到一份《倡议实行火葬》的倡议书。倡议书写道:"土葬占用耕地,浪费木材;加以我国历代封建统治阶级把厚葬久丧定作礼法,常使许多家庭因为安葬死者而陷于破产的境地。实行火葬,不占用耕地,不需要棺木,可以节省装殓和埋葬的费用,也无碍于对死者的纪念。""凡是赞成火葬办法的国家机关工作人员,请在后面签名。凡是签了名的,就是表示自己死后一定要实行火葬。① 后死者必须保证先死者实现其火葬的志愿。"倡议书还特别强调了自愿原则:"在人民中推行火葬的办法,必须是逐步的;必须完全按照自愿的原则,不要有任何的勉强。中国绝大多数人有土葬的长期习惯,在人们还愿意继续实行土葬的时候,国家是不能加以干涉的;对于现存的坟墓,也是不能粗暴处理的。对于先烈的坟墓以及已经成为历史纪念物的古墓都应当注意保护。对于有主的普通坟墓,在需要迁移的时候,应当得到家属的同意。"毛泽东看完倡议书后,随即拿起毛笔,写下了"毛泽东"3个大字,接着写上了当天的日期"一九五六年四月廿七日"。随后,朱德、彭德怀、康生、刘少奇、周恩来、彭真、董必武、邓小平等136位党和国家领导人先后签上了自己的名字。②

在以毛泽东为首的中央领导的亲自倡导下,城市地区开始推行火葬,并从大城市逐步推向中小城市以及农村,20世纪60年代以来有了

---

① 散木. 毛泽东慨然面对生死 [EB/OL]. 人民网, 2016-07-13.
② 散木. 毛泽东慨然面对生死 [EB/OL]. 人民网, 2016-07-13.

较大幅度的发展。全国逐步建成一些火葬场,并开始添置火化炉、殡葬汽车,有些火葬场还安装了冷藏尸体的设备,从业职工也逐渐增多。在建有火葬场的地区,城市火化率一般在80%左右,县以下农村平均为30%。用火葬方法处理尸体,有利于节约木材和耕地,有利于减轻人民群众的经济负担,有利于生产建设、环境卫生和人民健康,因而在部分地区成为人们自觉践行的新习俗。

在不宜推行火葬或尚不具备推行火葬条件的地区,我国逐步推行土葬改革,改变占用耕地、到处乱埋滥葬的现象。这项工作在新中国成立初期的旧城改造中就已经开始,并在以后的农业合作化运动、农田水利基本建设中得到一定程度的发展,具体做法包括实行平地深埋不留坟头,或利用荒山地以乡或自然村为单位建立集体公墓。改革旧丧葬习俗方面,破除历史上遗留下来的"入土为安""重殓厚葬"和一些封建迷信的陈规陋习,用开追悼会代替发丧送葬,用献花圈代替焚香摆供,用戴黑纱、白花代替披麻戴孝,以此来对死者进行悼念和寄托哀思,树立文明、简朴、节约办丧事的新风尚。经过多年的宣传教育,旧的丧葬习俗被打破,新的丧葬风气日渐深入人心。

(四)积极发展福利生产,推动社会救济及福利生产事业发展

中华人民共和国成立后,党和人民政府对社会救济工作采取"依靠基层,生产自救,群众互助,辅之以政府必要救济"的方针。在实际推行中,一方面,从事社会救济工作,保障人民的物质生活,促进社

会安定团结；另一方面，举办救济服务事业，积极发展社会福利生产①，为社会创造物质财富。

中华人民共和国成立初期建立的福利生产单位，安置就业的大多是烈军属、困难户等半劳力和辅助劳力，孤老残幼和家庭妇女在其中占据很大比例，生产效率低，经营困难大，大都未纳入地方经济计划。为了解决其困难，扶持其巩固和发展，保障就业人员的生活，1956年1月20日，内务部部长谢觉哉致函李富春副总理，要求各地承认民政部门领导的社会福利生产企业，请求将其生产纳入地方经济计划。这一请求得到了批准。1957年1月，内务部、财政部和中国人民银行联合发出《关于城市烈属、军属和贫民生产单位的税收减免和贷款扶助问题的通知》，对其生产经营进行扶持。为了解决这些福利生产单位的原料及其他困难，1957年3月，内务部、国家经委、商业部、化工部、食品工业部、手工业管理局、供销合作总社等发出《关于解决烈属、军属、残疾军人、贫民生产原料困难的联合通知》。1959年7月，国家计委、内务部联合发出《关于社会福利生产统一纳入地方计划的通知》。这些政策文件肯定了社会福利生产企业的性质和地位，对其在政策上给予了优惠和扶持，产品的原料供应和销售得到了保证，为福利企业生产的发展创造了有利条件。

1958年6月，第四次全国民政会议再次肯定了福利生产的发展方向。全国的福利生产得到了较大的发展，城市救济工作逐步发展到社会

---

① 社会福利生产是我国为了解决众多残疾人的劳动就业问题，摸索出来的具有中国特色的办法。中国的社会福利企业产生于中华人民共和国创建初期，为帮助优抚对象及社会困难户，解决其生活问题，建立起一批生产摊子，在此基础上发展而成为社会福利生产企业。社会福利生产具有劳动福利性质，受到广大残疾人及其家庭的欢迎，也得到社会各界人士的赞同和支持。

福利阶段。在1958年"大跃进"的背景下,全国福利生产单位迅速发展到290328个,从业人员3533632人,其中不少是残疾人。1959年第五次全国民政会议后,为了与街道生产区分开来对社会福利生产进行了分类定性工作,确定了民政部门管理的福利生产的范围为4个类型,即保障性生产、服务性生产、改造性生产和自救性生产。这次分类定性工作为民政部门对福利生产进行分类指导提供了依据。到1959年年底,根据20个省市区的统计,民政部门管理的社会福利生产单位共有10417个,生产人员563565人。

1960年第六次全国民政会议后,进一步明确了社会福利生产的类型、范围和重点,再次强调了主要应办好保障性和服务性生产。对安置残疾人的单位,提出了要正确贯彻劳动、教育、治疗、福利四结合的原则。根据这次会议精神,各地安置盲、聋、哑、残的生产企业有所发展,我国的假肢工厂也发展到203个。在三年国民经济困难时期,党中央提出了"调整、巩固、充实、提高"的八字方针,全国的社会福利生产单位也进行了调整。经过调整和整顿,福利生产单位和就业人员大大减少,1960年仅保留了安置残疾人较多的福利企业431个,这使得许多残疾人生活无着。在这种情况下,各地认识到福利生产不能中断,很多地方又重新办起了社会福利生产单位。到1963年,全国福利生产单位有1371个,从业人员12.2万人;1965年福利生产单位有1089个,从业人员10.6万人。从数量上看,生产单位数和人员都有所减少,比"大跃进"时减少得更多。基于整个国民经济调整的需要,保留下来的生产单位,其社会福利的特点与优势更加突出,为残疾人服务的质量更高。

(五)建立街道办事处和居委会,推进城市基层政权组织建设

中华人民共和国成立初期,城市基层政权设置尚没有统一的规定。各大行政区及城市都处于探索之中,多数大中城市的政权设置是市政权—区政权—街道办事处,或者市政权—街道办事处。少数城市则在市区政府下设立街道政府,并召集街道人民代表大会,从而形成街道一级政权。1953年3月,《中华人民共和国全国人民代表大会及地方各级人民代表大会选举法》公布施行,城市权力机关为市和市辖区人民代表大会。1954年宪法确立城市政权为市和市辖区。1954年12月,全国人大常委会通过《城市街道办事处组织条例》,明确规定街道办事处为市(区)人民政府的派出机构。1955年6月,国务院发布的《关于设置市、镇建制的决定》提出,20万人以上城市设区,20万人以下城市一般不设区。这样,全国城市的政权及其行政机关的设置得以统一为设区的大城市为市—区—街道办事处,不设区的城市为市—街道办事处。根据《城市街道办事处组织条例》的规定,10万人口以上的市辖区和不设区的市,应当设立街道办事处;10万人口以下、5万人口以上的市辖区和不设区的市,如果工作确实需要,也可以设立街道办事处;5万人口以下的市辖区和不设区的市,一般地不设立街道办事处。街道办事处的设立,须经上一级人民委员会批准。

街道办事处的任务主要包括3项:办理市及市辖区人民委员会交办的事项;指导居委会的工作;反映居民的意见和要求。街道办事处设主任1人,按照工作的简繁和管辖区的大小,设干事若干人,必要时也可设1名副主任。办事处的专职干部按照规定只有3—7人,内有负责街道妇女工作的干部1人。办事处的主任、副主任都由市辖区、不设区的市的人民委员会委派。办事处的经费及工作人员的工资,从国家财政中

<<< 第二章 社会主义革命和建设时期的民政工作沿革（1949—1978年）

统一拨发。在1958年的人民公社运动中，一些城市将区改为人民公社，将街道办事处改为人民公社分社。20世纪60年代后，又恢复为区和街道办事处，但有些城市的街道人民公社一直延续到70年代末才得以改变。

根据《城市居民委员会组织条例》规定，居民委员会是群众自治性的居民组织，受街道办事处的领导。居民委员会应当按照居民的居住情况并且参照公安户籍段的管辖区域设立。每个居民委员会所设的小组最多不得超过17个。居民委员会设委员7—17人，由居民小组各选委员1人组成；并且由委员互推主任1人、副主任1—3人，其中须有1人管妇女工作。居民委员会下设居民小组；居民小组设组长1人，一般地应当由居民委员会委员兼任；在必要的时候，可以选举副组长1—2人。居委会的任务是：办理有关居民的公共福利事项；向当地人民委员会或者它的派出机关反映居民的意见和要求；动员居民响应政府号召并遵守法律；领导群众性的治安保卫工作；调解居民间的纠纷等。

（六）收容遣送管理在社会主义革命和建设时期都发挥了一定的作用

收容遣送管理是一项对流浪乞讨人员施以收容、救济、教育、安置、遣送的社会行政管理工作。中华人民共和国成立以来，收容遣送管理工作在社会主义革命和建设的各个时期都发挥了一定的作用。

中华人民共和国刚成立时，旧社会遗留下来的大量社会问题亟待解决，其中最突出的是大批散兵游勇、难民、灾民、娼妓、流氓、乞丐的存在，并且由来已久，也习以为常。对此，各级人民政府在广大人民群众的支持下，采取断然措施，取缔封闭了各地的妓院、赌场、烟馆、流氓窝子。在短短几年内，各地设立了收容站（所）、生产教养院、妇女教养院、新人习艺场等，把旧社会遗留下来的妓女、流氓、乞丐、灾民、难民、散兵游勇等各种游民都收容起来。全国共集中收容改造和分散监督改造了12.6万游民,对医治战争创伤、改变城市面貌、化消极因素为积极因素、巩固新生的人民政权发挥了重要作用。

各种各样的游民被集中收容后,根据"政治思想教育和组织劳动生产相结合、改造与安置相结合"的方针,帮助他们改变寄生思想和游堕习气,学会一定的劳动生产技能,使他们变成自食其力的劳动者,然后区分具体情况就地或送到外地进行就业安置。生产教养院、妇女教养院、新人习艺场在完成了教育改造的任务后,集体转变为国营工厂或农场。许多游民在被改造成为新人后,在日后的生产建设中发挥了积极作用。到20世纪50年代,随着一大批旧社会遗留问题的解决,整个社会的面貌焕然一新。

在社会主义改造基本完成以后,我国开始进入有计划的经济建设时期。有些农民思想不稳定,不安心农业生产,离开农村到城市寻找工作。同时,还有部分受到灾荒影响的灾民纷纷流入城市乞讨、找工作。这导致城市的人口膨胀,工农业生产比例失调。面对这种情况,政务院通知各地做好劝阻劝返工作,劳动部、内务部等政府部门积极动员农民返乡参加生产,对生活确有困难的给予适当的救济。这些举措对巩固工农联盟、支援农业生产起到了一定的作用。

在三年严重困难时期,大批农民离开本乡本土,流入城市和工矿林区寻求生计。这一时期收容遣送的对象主要是灾民,1960年共收容遣送灾民600万人,达到高峰。为了贯彻党中央关于全党全民动手,大办农业、大办粮食,压缩城市流动人口,加强农业第一线的指示,1960年11月,内务部发出《进一步做好收容遣送工作的通知》,要求各级民政部门务必把该项工作当作中心任务来抓。1961年1月,内务部制

第二章 社会主义革命和建设时期的民政工作沿革（1949—1978年）

订《内务部城市收容遣送工作站方案》，提出有关工作要求。在城市收容遣送管理方面，要求做好对外流农民的收容管理和遣送工作，使他们及时回乡参加生产。强调外流人员绝大多数都是劳动人民，对待劳动人民要熟情、要爱护，并根据这一要求做好收容遣送站的各项管理工作，建立和健全各项管理制度。在遣送工作方面，要求以负责的态度做到遣送落实，从一个地方遣送到另一个地方，要有交接手续，反对推出门不管的不负责任作风。在收容对象处理方面，提出收容遣送站收容的对象中有些情况比较复杂，必须分别根据不同情况，妥善处理。对于一般外流农民可随时收容、随时遣送，但对于屡遣屡返人员，无依无靠的残老和儿童、痴呆、精神病人、聋哑人等，必须根据情况分别处理。在收容遣送（站）的组织领导方面，要求民政部门把收容遣送工作列为一项经常工作，加强对收容遣送站的领导和检查，使之不断改进和提高。

1961年3月，国务院批转内务部《关于城市收容遣送外流农民工作座谈会的报告》（以下简称"《报告》"）。《报告》中指出，为了顺利遣送外流农民返乡，必须加强地区之间的协作，改进遣送方法。今后对外流遣送人员的遣送工作应当以遣送地区为主，负责到底，反对推出本辖区了事的现象。对于已经安置下来的农民问题，按以下原则处理：一是已经安置生产，生活已经安定下来的，不必再勉强动员他们回去；二是已经做了安置，但本人要求回原籍的，应当遣送回原籍；三是今后如有农民继续流动出省又要求遣返时，流入省不要再行收留，应当一律遣返。

随着国民经济的调整与巩固，全国的经济形势逐渐好转，外流人员大幅度减少。但是，社会上仍有屡遣屡返的长期流浪乞讨者约5万人。为了妥善安置、教育改造这些长流人员，全国开始兴办安置农场（包括由游民改造农场转变来的），到1963年发展到101个，收容安置

36000 人。

（七）农村五保供养制度建立、农村敬老院建设提升了农村社会救助水平

农村五保供养制度建立于 1956 年的农业合作化时期。农村五保供养是指对农村村民中无法定赡（扶）养人、无劳动能力、无生活来源的老人、残疾人和未成年人在吃、穿、住、医、葬及未成年人义务教育等方面给予生活照料和物质帮助。为解决农村中特殊困难群众的生活问题，中央政府推动建立农村五保供养政策。1956 年 1 月，中国共产党中央委员会提出的《1956 年到 1967 年全国农业发展纲要（草案）》规定："农业合作社对于社内缺乏劳动力、生活无依靠的鳏寡孤独农户和残废军人，应当在生产上和生活上给以适当的安排，做到保吃、保穿、保烧（燃料）、保教（儿童和少年）、保葬，使这些人的生养死葬都有指靠。"① 1956 年 6 月颁发的《高级农业生产合作社示范章程》在第 53 条也作出了类似规定。这两个文件最早提出了关于农村五保供养工作的基本规范，初步构建了我国农村五保供养制度的雏形。②

这一时期的五保供养工作是农村高度集体化的产物，五保供养的款、物主要来源于集体分配或公益金补助。作为一项救助制度，在国家财政投入缺位的条件下，五保供养是以公社内部剩余和积累为基础的互助共济。由于高度依赖农村自给，所以当农村经济发展不佳时，五保供养也就随之陷入困境。在"大跃进"及自然灾害时期，五保供养因集体力量被严重削弱而陷入难以为继的境地。

---

① 战建华. 农村五保供养制度的历史演变 [J]. 经济与社会发展，2010，8（05）：86-89.
② 战建华. 农村五保供养制度的历史演变 [J]. 经济与社会发展，2010，8（05）：86-89.

继农村五保供养制度实施后,我国农村的敬老院也逐渐发展起来。农村敬老院的主要服务对象是农村的"五保户",从其创办之初就是社会公益性机构。中华人民共和国成立初期,党明确发展福利事业必须依靠政府领导,必须引导群众的内部互助。1951年,内务部推广了河南省唐河县"通过自愿联合安置孤老残幼"的办法,这一举措开启了农村敬老院建设的先河。1954年,中华人民共和国第一部宪法提及了敬老院的基本思想。此时,农村敬老院办院的基本思路大体形成,即"政府领导、群众互助"。1956年,中央和地方还强化"爱老扶困"思想观念。在上述文件明确提出"五保户"的供养问题、明确了五保供养的基本内容后,1956年,中华人民共和国第一个敬老院——兴化幸福院在黑龙江拜泉县兴华乡建立。我国在"鼓足干劲、力争上游、多快好省地建设社会主义"总路线指导下,1958年我国开展了工农业生产的"大跃进",敬老院建设也得到迅速发展。1958年全年全国共创办敬老院15万所,收养了300余万孤寡老人。① 但是,敬老院的盲目建设,忽视了自身生产力水平不足的客观条件。在随之而来的三年严重困难时期,大部分的敬老院甚至没有能力维持日常需求。如1958年山东省共建敬老院2.81万所,入院人数(包括孤老烈属)达到80.54万人。1960年后因集体经济困难,敬老院大部分不得不解散,原来入院的"五保"老人只能回村(队)分散供养。到1963年年底,山东省敬老院仅剩下300所,在院老人为2000余人。② 从长期发展来看,农村五保制度、敬老院建设,标志着以五保供养为基础的敬老院模式的形成,对于维护弱势群体权益,促进社会安定团结、稳定社会局势起到重要

---

① 陈瑞.浅谈我国农村敬老院的发展历程[J].现代交际,2014(05):1.
② 高鉴国,黄智雄.中国农村五保救助制度的特征[J].社会科学,2007(06):45.

作用。

(八) 行政区划的调整改革奠定了我国行政区划的基本格局

行政区划是国家推行行政区域管理的基本手段，是政权建设的基础和重要组成部分。中华人民共和国成立前后，我国的行政区划上曾出现过较大的调整。从土地革命战争时起，我国的政治、经济、社会和文化等诸多领域都产生很大的变动，势必要对原有的国家结构体系做出相应调整，以适应新的形势和需要。①

中华人民共和国成立初期，对旧中国行政区划进行大幅度调整变革。首先以大行政区作为地方最高的行政建制单位，按大行政区设置人民政府委员会，对尚不具备条件的，以军政委员会代行行政机关职权，相继建立了华北、东北、西北、华东、中南、西南6个大行政区。大行政区人民政府或军政委员会具有双重性质：一方面，是中央人民政府的派出机关；另一方面，也是地方政权的最高机构。1952年6月，大行政区改设行政委员会，代表中央人民政府在各地领导和监督地方政府，不再是地方一级政权机关。1954年6月，为了加强中央对地方的领导，大区行政委员会被撤销。

调整省区市设置是中华人民共和国成立初期另一项大规模的区划调整。1949年年底，全国的省级行政区曾多达50个（其中省30个、自治区1个、直辖市12个、行署区5个、地方1个、地区1个）。从1952年开始合并部分省区，到1953年底，共设30个省、1个自治区、14个直辖市、1个地方和1个地区。1954年撤销大行政区以后，将大部分直辖市改为省辖市，到年底省级政区降为32个（其中省26个、自治区1

---

① 张可云，李晨. 中华人民共和国70年行政区划调整的历程、特征与展望 [J]. 社会科学辑刊，2021 (01)：118-119.

个、直辖市3个、地方1个、地区1个)。在少数民族聚居地区实行民族区域自治政策,除1947年5月成立的内蒙古自治区外,1955年后相继设立了新疆、广西、宁夏、西藏4个自治区。截至1965年年底,全国分为29个省、自治区、直辖市(其中省22个、自治区5个、直辖市2个)。1976年,天津市恢复为直辖市,至此全国共设30个省、自治区、直辖市。此后,中国的省区数量始终保持稳定,除1988年增设海南省之外,再无大的变动。[1]

中华人民共和国成立后,党和政府重新进行市的规划设置。原有的市主要集中在东部沿海地区,为了改变城市布局不合理的局面,1955年国务院第11次和20次全体会议通过了《国务院关于设置市、镇建制的决定》和《国务院关于城乡划分标准的规定》。1956年5月,国务院又作出了《关于加强新工业区和新工业城市建设几个问题的决定》,确定在我国内地有计划地建设新的工业基地和新的工业城市。1957到1965年间,因受"左"的思想的影响,曾经按"大跃进"和人民公社的要求,大量增设新市,撤并县级单位,致使市县设置与社会政治、经济发展的要求不相适应。1960年前后,随着中央"调整、巩固、充实、提高"八字方针的贯彻执行,撤县设市的热潮降温,增设新市得到了纠正处理。1961年全国有市171个,1961年增至206个,1965年裁减为167个;县从1956年的2083个,减少到1959年的1688个,1965年又恢复到2125个。

1966年开始的"文化大革命"给我国经济社会带来诸多负面影响。民政工作遭到严重破坏,给民政事业发展造成巨大损失。这一时期成为民政工作发展史上的"灰色"时代。

---

[1] 根据民政部档案资料馆所藏档案资料以及历次行政区划相关资料统计。

第三节 "文化大革命"时期内务部的撤销
（1966—1978 年）

一、"文化大革命"时期民政工作机构与民政工作

1969 年 1 月 3 日，内务部正式宣布撤销。内务部撤销后，除在京设机关留守处外，其余所有干部职工都被下放到湖北省沙市浠河农场劳动。

内务部虽然被撤销了，但其主管的民政事务及业务工作并没有消失。1972 年 3 月，国务院召集财政部、公安部、卫生部、国家计委等部门商议，就原内务部所主管的业务进行了研究，提出了分工管理的意见：公安部负责行政区划、收容遣送等工作；财政部负责救灾、救济、优抚、拥军优属等工作；卫生部负责盲人、聋哑人、麻风病人、精神病人的安置、教育和管理工作；国家计委劳动局负责国家机关工作人员的待遇，退职退休和复员转业军人的安置等工作；国务院政工小组办公室代管原内务部主管的人事工作。这些部门分管原有的民政业务工作，在原有基础上也做出了一些成绩，解决了一些管理中存在的具体问题。

内务部的撤销使中央国家机构失去了民政工作的统一机构。地方各级民政机构或随之撤销，或合并，民政机构被"临时革命委员会""革命领导小组"等接管，原来的领导体系、内设机构一律撤销。有的省区在"革命领导小组"下设有批改、办事、优抚、农村、城市等若干小组，负责各项民政业务（救灾、农村救济、优抚、福利、农场管理、财务、信访等）。1973 年前后，因工作需要各地的民政机构相继进行恢

复重建,恢复后的机构名称叫法不一,如民劳局、民卫局、民政知青办、民政侨务办、民政宗教办等,内设工作部门也逐步增加。地方民政机构在不同程度地恢复为中央民政机关的重建提供了现实条件。实践证明,党和国家需要民政工作,广大人民群众和民政对象更离不开民政业务,民政工作有其客观存在的必然规律。

二、"文化大革命"时期的民政工作情况

内务部撤销后,原内务部的各项业务,由财政部、公安部、国家计委等有关部门分担。这一时期的民政工作主要集中在抚恤和安置方面,出台了一些相关政策。

1970年11月,国防部、公安部、财政部联合发出《关于实行义务兵制的消防民警评残问题的通知》,指出,实行义务兵役制的消防民警因公而致残废者,应享受《革命残废军人优待抚恤暂行条例》规定的待遇。残废等级由所在地方医疗单位根据国家公布的有关规定标准评定,并详细填写"残废证明表",由所在单位填写《革命残废军人抚恤证》,报送省、市、自治区革委会民政部门审核办理。

1972年1月,国务院、中央军委发出《关于军队复员干部安排工作后工资待遇问题的通知》(以下简称"《通知》")。《通知》指出,1969年以来,大批连以下干部复员。各地根据需要,对相当一部分复员干部安排了工作,重新评定了工资等级。但由于各省、市、自治区规定的定级标准不够统一,同时,有些人工资级别偏低,家庭负担极重,生活困难较大,相互之间影响较大。因此,《通知》规定,复员干部安排当工人的,按其军龄长短和表现,分别定为2—5级工或25—25级干部。1969年1月1日后复员干部的工资待遇,低于本《通知》规定的,

应予重新评定；高于《通知》规定的，可不降低。

1974年2月，财政部、外经部出台《关于援外出国人员牺牲、病故善后抚恤问题的处理意见》。该意见提出，凡出国援外人员因公牺牲者，可定为革命烈士。其直系亲属享受烈属待遇，并由援外人员派出部门出具证明，提请本省（市、自治区）革命委员会审批发给烈士家属光荣纪念证。凡出国援外人员因病亡故者，一般不定烈士，但其抚恤费可参照国内因公死亡的标准发给。所需要的国内丧葬费、抚恤费、遗属补助费等，如死者原属企业单位，由原单位按《劳保条例》办理；原属行政单位，由原单位按《革命工作人员伤亡褒恤暂行条例》办理；原属事业单位，由原单位参照《革命工作人员伤亡褒恤暂行条例》办理；其他人员，由当地民政部门参照《民兵民工伤亡抚恤暂行条例》办理。派出单位和当地政府部门，对上述死者的家属应予以热情关怀，对他们的困难，应根据党的政策，给予适当照顾。

1975年8月，国务院、中央军委发布《关于军队干部退出现役暂行办法》，分别对转业、复员、退休中的有关事宜作了具体规定，并指出，要认真做好军队退出现役的干部分配和安置工作，使之各得其所，愉快地接受组织安排；地方各部门、各地区对军队退出现役的干部应当热情欢迎，妥善安置，合理任用，充分发挥他们的作用。

1976年1月，国家劳动总局、原总政治部发出《关于做好1969年至1975年7月31日期间军队复员干部安排工作的通知》，指出，对1969年至1975年7月31日期间复员的军队干部，要给予妥善安置。可以就地、就近安排在全民所有制单位，也可以安排到集体所有制的企业、事业单位。过去已安排在全民所有制单位和集体所有制单位有固定工资收入的，不再重新安排。其工资待遇，应按照1972年1月13日国务院、中央军委《关于军队复员干部安排工作后工资待遇问题的通知》执行。安排在（含过去已安排的）集体所有制单位工作的，可参照上述通知的规定，评定工资等级，按照所在单位的工资标准执行。

内务部的撤销使中华人民共和国成立以来业已形成的民政职能失去了行政机构的依托，地方民政机构的相继撤销或合并，给民政事业发展带来了诸多消极影响。社会福利生产因被说成是"唯生产力论"而受到很大冲击，许多福利生产单位被合并、搬迁、代管，甚至撤销。到1977年，全国县以上福利生产单位仅剩下766个，大批残疾职工的生活陷入困境，造成严重的社会负担。[1] 收容遣送工作同样受到严重削弱，收容遣送站名存实亡，到1978年，安置农场只剩下44个，收容人数减至1.6万人。[2] 在这一历史阶段的民政机构缺失、管理分散、人员队伍难以保证，给民政事业发展造成了极大的损失。

---

[1] 杨根来，段凤东. 民政史新编［M］. 郑州：河南人民出版社，1995：433.
[2] 杨根来，段凤东. 民政史新编［M］. 郑州：河南人民出版社，1995：480.

第三章

改革开放和社会主义建设时期的民政工作变革
（1978—2012 年）

　　1978年召开的党的十一届三中全会作出了把党和国家工作重心转移到经济建设上来、实行改革开放的历史性决策。从那时起，我党团结带领全国各族人民不懈奋斗，推动中国特色社会主义建设不断取得历史性成就。中国共产党科学把握我国基本国情和经济社会发展态势，出台一系列大政方针政策，并通过法定程序将其转变为政府决策，推动从中央到地方的各级政府组织实施。在此背景下，恢复重建的民政部及各级民政部门紧紧围绕党和国家不同发展阶段的工作大局，切实履行党和国家赋予的职责使命，自觉把民政工作融入经济社会发展重大战略中去思考，积极把民政工作纳入党在改革开放各个阶段的基本路线、基本纲领和目标中去部署，主动把民政工作纳入社会主义现代化建设总体布局和重大战略部署中去推进，不断开拓进取，开创民政工作新局面，发挥民政部门在社会事务服务管理中的职能作用，推动着民政工作的发展进步，使得民政事业面貌发生了历史性的变化。

<<< 第三章　改革开放和社会主义建设时期的民政工作变革（1978—2012年）

第一节　改革开放初期的民政工作
（1978—1983年）

1978年，国家重新设立民政部，其职能职责和业务范围最初参考"文化大革命"时期被撤销的内务部而划定。20世纪70年代末以来，经过职能机构调整，民政部逐步形成了以优抚安置、基层选举、救灾救济、社会福利、行政区划、婚姻殡葬、收容遣送等为主要业务内容的核心职能。80年代初，伴随国务院职能机构的调整，民政职能集中在基层政权建设、优抚安置、救灾救济以及城市社会福利等方面，概括为"三个一部分"，即社会保障一部分、政权建设一部分和行政管理一部分。

一、改革开放初期的民政机构与民政工作

随着"四人帮"被粉碎，历时10年的"文化大革命"结束。在接下来的拨乱反正中，民政部恢复重建，民政业务也得到了全面恢复。民政工作在恢复重建的基础上，伴随着国家的改革开放政策开始了不断探索发展的进程。

（一）民政部重建与民政工作的恢复

在"文化大革命"中，原内务部被撤销，民政工作业务被分散到多个政府部门管理。随着我国拨乱反正工作的全面、深入开展，1978年3月，第五届全国人民代表大会召开。人大一次会议通过了《中华人民共和国宪法》，确定了国务院的机构设置。在国务院机构组成中，恢

复设立中华人民共和国民政部，主管全国民政工作。根据国务院总理提名，程子华被任命为民政部部长。5月20日，民政部召开部党组会议，民政部筹建工作启动，也标志着民政部正式成立。在恢复成立的初期，民政部主要参照原内务部构建，承继了原内务部大部分管理职能业务，内设机构也与原内务部大致相同，设置有政治部、办公厅、优抚局、民政司、农村社会救济司、城市社会福利司、政府机关人事局等。

1978年9月，第七次全国民政会议召开。会议回顾总结了自苏区民政工作创立，尤其是中华人民共和国成立以来党中央、国务院对民政工作的重要指示和要求，充分肯定了民政工作在社会主义革命和建设各个历史时期所发挥的重要作用。会议指出，新中国成立28年来，民政工作已走上了正确轨道，对于我国的革命和建设，都发挥了重要作用。根据党中央和国务院的指示，会议明确民政工作的主要任务是：优抚、复退安置、生产救灾、社会救济和社会福利，并承办行政区划、婚姻登记和殡葬改革等党和政府交办的其他事项；会议要求肃清林彪、"四人帮"在民政工作上的流毒和影响，全面恢复党关于民政工作的方针、政策和任务。即优抚工作继续坚持"政治挂帅、安排生产、群众优待、国家抚恤"的方针；复员退伍军人安置坚持"从哪里来、回哪里去"的原则，做到"妥善安置、各得其所"；农村救灾和社会救济工作全面贯彻"依靠群众，依靠集体力量，生产自救为主，辅之以国家必要的救济"的方针；城市社会福利和社会救济工作，继续坚持"生产自救，群众互助，辅之以政府必要的救济"的方针，认真抓好生产自救、社会救济、收容安置3个环节；同时，积极做好革命老根据地建设、婚姻登记、殡葬改革、行政区划调整和解决边界纠纷等其他各项民政工作。

会议形成的《第七次全国民政会议纪要》指出，民政工作历来是党的一项重要工作。做好民政工作对于促进安定团结,调动一切积极因素,加速实现社会主义四个现代化,关系很大。中央要求各级党委切实加强对民政工作的领导,要求把民政工作列入党委议事日程。要尽快恢复和健全各地方民政部门的组织机构(特别是基层组织机构),充实和加强干部力量,为实现新时期的总任务作出重大贡献。第七次民政会议大体承继了1960年3月召开的第六次民政会议所确定的民政工作重点。会议的召开标志着党和政府的民政政策、民政工作全面恢复重建,党在新民主主义革命时期所形成的民政工作理念、民政工作框架与主要业务进一步得到加强和发展,对做好新时期的民政工作具有重要意义。

(二)民政工作初步恢复后的再调整

1978年12月,党的十一届三中全会召开。全会提出把全党的工作重点和全国人民的注意力转移到社会主义现代化建设上来,并作出实行改革开放的历史性决策。全会重新确立了解放思想、实事求是的思想路线,重新确立了中国共产党正确的政治路线和组织路线,孕育和推动了党从理论到实践的伟大探索与创新。党的十一届三中全会实现了中华人民共和国成立以来党的历史上具有深远意义的伟大转折,标志着中国共产党从此开始了建设中国特色社会主义的全新探索,中国从此进入了改革开放和社会主义建设的新时期。

在党和国家工作的重心转移到经济建设上来,深入推进拨乱反正的背景下,各级民政部门认真贯彻党的解放思想、实事求是的思想路线,全面落实第七次全国民政会议精神,民政工作在全面恢复的基础上进行了初步的探索性改革。而基于党和国家中心工作的转移,民政部门承担的职责任务在调整中逐步增多,在原内务部工作业务基础上逐步拓展开来。

一是行政区划工作。1978年8月由国务院办公厅移交民政部管理。

二是县、社直接选举的具体事务。1978年10月党中央、国务院决定，县、社直接选举的具体事务由民政部负责。

三是印支难民的接待安置。① 1979年8月，国务院决定成立国务院接待安置印支难民领导小组，领导小组办公室设在民政部，程子华部长任组长，民政部门负责具体事务。

四是军队离退休干部安置工作。1981年2月，国务院成立退伍军人和军队退休干部安置领导小组，其办公室设在民政部（简称"双退办公室"）；3月，国务院批准民政部设立退伍军人和军队退休干部安置局，该局同时承担国务院退伍军人和军队退休干部安置领导小组办公室的日常工作。

五是选举工作。1981年3月，人大常委会办公厅通知提出，选举工作由民政部门管，不必在各级人大常委会下建立常设机构。

六是城市居委会工作。1981年3月，根据中央领导指示，民政部发出通知，明确城市居委会工作由民政部门管理。

七是流浪乞讨人员管理。1982年4月，中央决定对社会上无依无靠、无家可归、无生活来源的人员，由民政部门主管。

八是农村基层政权建设。1982年7月召开的全国政法工作会议指出，民政部门的主要任务是促进社会安定，除了抓好救灾、救济、优抚

---

① 20世纪70年代，越南当局推行民族歧视政策，将越南的少数民族、华裔、华侨等强行驱赶出境，使其流落到周边国家，使得20多万难民从越南、老挝、柬埔寨等辗转进入中国，国际社会将这次事件中出现的难民统称为"印支难民"。来华的印支难民99%是越南难民，而且多为华裔越南人或越籍华人，中国在印支难民接纳安置上，并没有把这些人完全当作国际难民，而是将他们当作"同胞""侨胞"安置在南方各地的农场、林场及农村，少数进入企事业单位工作，妥善解决其生产生活以及社会融合问题，目前大多数已经取得中国国籍，融入当地社会。

安置、收容遣送等工作外，要把加强基层政权的建设，特别是农村基层政权的建设列为重要任务之一。

当然，也有部分民政主管职能业务的转出。1980年7月，国务院决定将民政部政府机关人事局和国务院军队转业干部安置工作领导小组办公室合并，成立国家人事局，相关管理职能从民政部划出。

20世纪80年代初期，随着民政部职能职责的调整，其内设机构的调整变动也较为频繁。1980年7月，国务院批复同意民政部的内设机构调整为：办公厅、革命史料研究室、优抚局、农村社会救济司、城市社会福利司、民政司、信访局，保留政治部。1980年10月，根据党中央负责同志讲话精神和中组部的意见，民政部党组决定撤销政治部，成立机关党委办公室和直属人事处。根据中央提出的机构精简整编要求，1981年11月，民政部向中央政治局、国务院等领导报告了机构精简整编的意见，即将办公厅的综合处和史料室合并成立政策研究室，撤销史料室，以加强民政工作研究，为制定政策做好调研。将革命史料研究室的烈士褒扬职能合并到优抚局；成立干部局，下设机关人事处和老干部处，建立干部局外事处；成立部党组纪检组；同时缩减信访局、优抚局、安置局和办公厅的机构人员编制，使民政部机关总的编制保持固定不变。

（三）民政部的职能及其机构变革

为了给深化经济体制改革提供有利的条件，针对党和国家组织机构臃肿重叠、职责不清，一些人员不称职、不负责，工作效率不高，以及领导班子人员过多、年龄老化等问题，党和政府机构的改革势在必行。1982年1月，邓小平在中共中央政治局扩大会议上发表题为《精简机构是一场革命》的讲话，对机构改革的性质、任务和方针原则提出重要意见。1982年3月,第五届全国人大常委会第二十二次会议通过《关于国务院机构改革问题的决议》,对国务院及其所属部、委等机构的大幅度精简提出改革方案。这次改革,首先,改进国务院本身的领导体制和领导方法,以加强集中统一领导。其次,明确国务院各部、委和国务院直属机构、办公机构的设置,须做到分工合理,职责分明,机构精干,对重叠的机构予以撤销、对业务相近的机构予以合并,明确各部门及其所属机构的任务和职责范围;为领导经济建设,特别是搞好战略性的长期规划,决定进一步加强国家计划委员会的工作。经过这次国务院机构改革,国务院副总理由13人减为2人,经济管理部门被大幅度撤并,国务院所属部委、直属机构和办公机构由100个裁到60个,工作人员总编制缩减1/3左右。随后,党中央部门机构也进行了改革,解决了各级党的机构和人员编制快速膨胀、各级领导班子人员过多、年龄老化等问题,推动了政府管理规章制度的出台,选拔出一批德才兼备的年轻干部。

1982年6月,按照国务院机构改革的部署,民政部向国务院报告了《民政部门的主要任务和职责范围》,并就退休人员管理、盲聋哑残人员安置、精神病人收容、疏散下放城镇居民安置等问题提出由其他政府部门分管或者分别负责的建议。1982年7月,中央政法委员会召开全国政法工作会议。会议讨论提出了民政部门的主要任务,并明确要把加强基层政权的建设,特别是农村基层政权的建设列为重要任务之一。根据这次会议精神,8月民政部再次向国务院报送了修订后的《民政部的主要任务和职责范围》。其中提出民政部的任务是:在四项基本原则的指导下,通过做好地方政权建设、优抚安置、救灾救济、社会福利等工作,发展社会主义民主,健全社会主义法制,促进基层政权的巩固,促进部队建设,促进社会安定,为以经济建设为中心的社会主义现代化建设服务。

1982年9月,党的十二大召开。会议系统总结了党的历史经验和新取得的经验,确定了"把马克思主义普遍真理同我国的具体实际结合起来,走自己的路,建设有中国特色的社会主义"的指导思想,提出"有中国特色的社会主义"建设的主题。会议确定党在新时期的总任务为:团结全国各族人民,自力更生,艰苦奋斗,逐步实现工业、农业、国防和科学技术的现代化,把我国建设成为具有高度文明、高度民主的社会主义现代化强国。会议还完整地提出了全面建设社会主义的纲领和各项方针政策。党的十二大的召开,标志着党成功地实现了具有重大历史性意义的伟大转变,它开始把中国带入建设有中国特色社会主义的新的政治轨道,并以全面开创社会主义现代化建设的新局面而永远载入史册。党的十二大所确立的党在新时期的总任务,以及开创社会主义现代化建设新局面的纲领对民政工作提出了新的要求。

1982年11月,国务院批准了民政部的机构调整方案,将民政部内设机构调整为办公厅、政策研究室、民政司、农村社会救济司、城市社会福利司、优抚局、安置局、老干部管理局。这次机构的调整进一步明确了民政部的职能定位,强化了民政部门的职责机构及编制,将民政部门的主要职责集中在基层政权建设、优抚安置、救灾救济以及城市社会福利等方面,奠定了此后30多年民政部门在基层政权建设、救灾救济、优抚安置等方面核心职能的基础。

1983年3月,第五届全国人大常委会第二十六次会议通过了《关于县级以下人民代表大会代表直接选举的若干规定》。该规定明确县、乡两级设立选举委员会,由其办事机构负责选举方面的具体事务。因此，民政部不再承担县、乡两级选举的日常工作。随后，民政部向国务院重新报送了《民政部的主要任务和职责范围》，将其主要任务描述为：在四项基本原则指导下，通过做好基层政权建设、优抚安置、救灾救济、社会福利等工作，发展社会主义民主，健全社会主义法制，促进基层政权的巩固，促进部队建设，促进社会安定，为以经济建设为中心的社会主义现代化建设服务。

1983年4月，第八次全国民政会议召开。会议进一步明确了民政工作的地位和作用，强调民政工作是"四化"建设中一条十分重要的战线，民政部门在新的历史时期的任务是负责基层政权建设、优抚安置、救灾救济、社会福利、行政区划、殡葬改革、婚姻登记等工作。这些工作有的属于政权建设的一部分，有的属于社会保障的一部分，有的属于行政管理的一部分。民政部门要通过做好主管的工作，发展社会主义民主，维护社会主义法制、改善优抚、救济对象的生活，促进社会福利事业的发展；加强军政军民团结，建设新型的人与人之间的关系，调动一切积极因素，为实现党和国家在新时期的总任务服务。会议还强调，民政工作具有群众性、社会性和多元性，民政部门必须在政治上始终同中央保持一致，在业务上精益求精，在作风上深入扎实，在思想品格上有献身精神。会议将民政的基本职责概括为"三个一部分"，即基层政权建设的一部分，社会保障的一部分，行政管理的一部分，突出了民政在社会建设和社会发展中的地位作用，明确了民政核心职能，也为民政工作发展指明了方向。

1983年4月21日，《人民日报》第1版为此配发了《进一步做好民政工作》的评论员文章。该文章提出，各级党委和政府要加强领导，把民政工作列入党政的重要议事日程，定期地听取民政部门的工作汇报,对重大问题要认真研究并作出决定。民政工作政策性强,涉及面广,对重要的民政工作任务,各级政府要组织有关部门进行协作,务求落实。要有计划、有步骤地解决民政干部的调配和充实问题。

二、改革开放初期的民政工作发展成就

在全面拨乱反正的形势下,1978年民政工作重新启航,恢复重建的民政部伴随国家改革开放脚步一路前行,认真贯彻落实党的十一届三中全会精神,逐步将工作重心转移到为经济社会建设服务上来。在党中央、国务院的领导下,中央和地方各级民政机构逐步得到恢复,承继了原内务部主管的职能业务。第七次全国民政会议重新确定了民政工作的重大方针政策,部署了民政工作的主要内容任务,推动着民政部门迅速开展各级职能业务,积极探索、开创性地推动各项民政工作的开展。民政部门承担了县社两级人大代表的组织指导工作,参与推进基层政权建设;开展了对优抚对象的普查、甄别和登记及其冤假错案的平反,改进优抚政策,接收安置退伍军人;主导救灾救济工作,帮助灾区恢复发展生产,推动农村扶贫工作,保障老少边贫地区和特困群众生活;发动各方面力量举办街道社会福利生产单位,推进社会福利事业发展等。在这一时期,民政工作在开创探索中取得了重要成就。

(一)加强基层政权和基层群众自治组织建设

人大代表直接选举是国家政治生活拨乱反正的开端。从1979年到1981年,民政部门承担县和公社两级人大代表直接选举的具体工作,具体组织选举,并对直接选举工作进行指导监督。在3年时间里,民政部门派出大批工作组指导2755个县(市)和56000多个人民公社顺利完成了直接选举任务。这对发展社会主义民主,健全社会主义法制,调

动各族人民群众建设社会主义积极性和改进干部管理制度都具有重大意义。一些地方的民政部门还参加了农村政社分开、建立乡政府的试点工作，为加强基层政权建设积累了宝贵的经验。在广大农村实行家庭联产承包责任制以后，农民以家庭为单位进行"单干"，社队原有的组织管理职能走向弱化，基层组织涣散问题表现出来。广西壮族自治区宜州市合寨村果作屯的农民自发选举产生村民委员会，运用村规民约进行村民自治、实行民主管理。这一做法得到了党中央、全国人大及国务院的高度重视。人大法制委、民政部等派工作组实地考察后充分肯定了我国农民的这一伟大创举。1982年，宪法确立了基层居村民自治的基本原则，并将村民委员会作为农村基层群众自治组织纳入国家大法，表明了国家对基层自治的承认与赞同。

（二）强化推动优抚安置及相关工作

民政部门对全国的优抚对象进行普查，对所涉及的5000多万人进行甄别登记，平反了9万多起涉及优抚对象的冤假错案，恢复其名誉和优抚待遇。调整提高了各项优抚政策及其待遇标准，提升国家对优抚对象的定期定量补助，对农村义务兵家属实行普遍优待，逐步恢复并继续发扬拥军优属的光荣传统，规范了烈士褒扬工作。对新接收的680多万名退伍军人予以妥善安置，同时面对8万多名伤病残军人的安置需求，加大原有优抚安置机构改造及新机构建设；为接收安置军队退休干部做了大量基础性工作，较好地完成了所承担的军休安置服务管理任务。

（三）做好救灾救济及其扶贫衔接工作

针对我国幅员辽阔、自然灾害多发易发的实际情况，民政部门强化灾害的应急响应、救助救济及灾后重建等各项工作，保障灾民的饮水、食物、衣物、被服、紧急医疗等基本生活需求。民政部门改进了自然灾害的计量、调查和上报等的方式方法,帮助灾区恢复和发展生产,重建正常的社会生活。大力推进农村地区的扶贫工作,发动社会力量扶持贫困户脱贫致富,关注并重点解决革命老根据地、贫瘠山区和群众生活困难较大社队的社会救济问题。坚持以养为主和入院自愿的原则,帮助社队做好对"五保户"的供养工作。特别是要在工作中把救灾与扶贫结合起来,在灾害救助的同时做好脱贫工作,防治因灾致贫返贫。

(四)认真做好社会福利工作

在国家财政对社会福利事业投入有限的背景下,民政部门积极动员和发动社会力量,推动大中城市街道举办街道社会福利生产单位,发展社会福利生产;办好社会福利事业单位,推动各项社会福利事业改革。针对残障人士的需求,大力发展假肢行业,推动假肢行业企业的改组与发展壮大。做好流浪乞讨人员的收容遣送工作,配合各地大中城市优化社会治安"综合治理"工作。同时,做好来信来访的接待和处理,进一步推动城乡殡葬改革,改进婚姻登记服务等。

第二节 经济体制转轨时期的民政工作 (1983—1992年)

1984年党的十二届三中全会提出,发展商品经济,把经济真正搞活,由此开始了打破传统计划经济体制的努力,有力地促进了党和国家工作中心从以阶级斗争为纲向以经济建设为中心的伟大历史性转折。我国经济体制在探索中走向有计划的商品经济,并最终转向社会主义市场经济。面对经济体制转轨的新形势和新挑战,党和国家不断推动政府机构的调整改革,也推动着民政职能机构的演变。1988年以党政分开、转变政府职能为核心的党和国家机构改革实施后,民政部门的职能聚焦于基层政权建设、社会行政事务、社会福利、优抚安置等民政业务。其后,民政工作业务在调整创新中增加了地名管理、勘定边界、有奖募捐、收养等职能,民政部还提出加快民政工作改革步伐,发展民政经济、推动自我增殖的民政经济运行、搞好第三产业开发等意见。但是,总体上从民政部门的职能定位来看,其更加侧重于发挥社会稳定的机制作用,为维护社会稳定、促进经济建设服务。

一、经济体制转轨时期的民政机构与民政工作

在党的领导下,我国经济体制逐渐向市场主导转轨。在经济转轨探索中,政府职能也发生变革,经济管理逐步转变为间接性、宏观管理主导,维护社会秩序、推动社会建设的职能变得更为重要,从而推动着民政工作继续探索开拓。

(一)城市经济改革中的民政工作

1984年10月,党的十二届三中全会召开,全会通过了《中共中央关于经济体制改革的决定》。这个决定根据马克思主义基本原理同中国实际相结合的原则,在肯定农村经济体制改革成就的同时,分析了城市经济体制中存在的弊端和问题,阐明了加快以城市为重点的整个经济体制改革的必要性和紧迫性,对经济体制改革的方向、性质、任务以及基本方针政策进行了整体性设计,是指导我国经济体制改革的纲领性文件。该决定提出我国的社会主义经济是在公有制基础上的有计划的商品经济,强调增强企业活力,实行政企职责分开,使企业真正成为相对独立的经济实体,通过发展商品经济,把经济真正搞活,建立充满生机的

<<< 第三章 改革开放和社会主义建设时期的民政工作变革（1978—2012年）

社会主义经济体制，适应复杂多变的社会需求。党的十二届三中全会突破了把计划经济同商品经济对立起来的传统观点，在商品经济、价值规律等重大问题上冲破了"左"的思想束缚，厘清了在许多人中间存在的模糊认识，标志着改革开始由农村走向城市和整个经济领域，推动着中国的经济体制改革的进一步展开与突破。

在经济体制改革从农村推进到城市，城市经济体制改革不断推进的背景下，经济体制改革所带来的社会变革开始逐步显现出来。为适应形势变化，民政部门所承担的社会事务管理职能开始得到重视。在此过程中，一些新的职能管理业务转移过来。1983年7月，国务院办公厅发出《关于军队离休干部移交地方管理问题的通知》，提出经党中央、国务院批准，军队离休干部移交地方后由民政部门管理。1984年3月，中国残疾人福利基金会正式成立，由民政部主管。1984年9月，为统一管理信访工作，民政部建立信访办公室。1986年4月，为解决行政区域边界争议的工作，经国务院批准给民政部增加10个编制；5月，民政部党组决定，成立调处行政区域边界争议办公室，由民政司代管。1987年6月，中国社会福利有奖募捐委员会成立，民政部主管；7月，社会福利有奖募捐券在河北省石家庄市售出，福利彩票上市发行，民政部增加了福利彩票管理业务；8月，劳动人事部通知，中国地名委员会办公室由城乡建设环境保护部划归民政部；12月，国务院办公厅转发民政部关于组建中国残疾人联合会报告的通知，同意组建中国残疾人联合会，由民政部代管。1988年3月，国务院批准成立中国"国际减灾十年委员会"，属部际协调工作机构，民政部为牵头单位。

与此同时，20世纪80年代以来，民政部所属及主管的一些事业单位逐步成立，业务范畴开始拓展开来。1983年12月，经民政部决定，教育部、国家计委同意成立民政部管理干部学院,以加强民政教育及研究工作。1984年1月,民政部正式出版《中国民政》杂志。1986年1月,该报社经民政部部务会议决定,中宣部同意,改名为《社会保障报》报社(后在1990年1月又改名为《中国社会报》报社)。1986年8月,劳动人事部批准民政部成立社会福利与社会进步研究所;9月,研究所正式成立。这一时期,民政部门为顺应全面推动改革开放的新形势和新要求,开始扩展民政工作的新领域、新任务,开拓创新民政工作业务,致力于服务国家改革发展大局,为维护社会稳定、促进经济建设服务。

(二) 民政部的职能及其机构调整

1987年10月,党的十三大召开。会议首次系统阐明了社会主义初级阶段理论,并指出我国正处在社会主义的初级阶段。我们的一切工作都必须从这个实际出发,而不能超越这个实际。这个阶段的任务是:逐步摆脱贫穷落后,由农业人口占多数的手工劳动为基础的农业国,逐步变为非农业人口占多数的现代化工业国;由自然经济、半自然经济占很大比重变为商品经济高度发达。基于此,报告明确提出了党在社会主义初级阶段的基本路线,即领导和团结各族人民,以经济建设为中心,坚持四项基本原则,坚持改革开放,自力更生,艰苦创业,为把我国建设成为富强、民主、文明的社会主义现代化国家而奋斗。这条基本路线可概括为"一个中心,两个基本点",即以经济建设为中心,坚持四项基本原则,坚持改革开放。党的十三大还制定了"三步走"的现代化发展战略,制定全面改革开放的基本方针和行动纲要,为改革开放和社会主义现代化建设明确了路线图和时间表。

为适应社会主义初级阶段的现实国情,践行党在社会主义初级阶段

第三章 改革开放和社会主义建设时期的民政工作变革（1978—2012年）

的基本路线，应对全面改革开放的新形势和新要求，服务于党和政府工作新使命，国务院再次酝酿机构改革。1988年4月，七届全国人大一次会议通过国务院机构改革方案，启动了新一轮的机构改革。这次机构改革首次提出"转变政府职能是机构改革的关键"这一命题，强调努力推进政府职能的转变。其内容主要是合理配置职能，科学划分职责分工，调整机构设置，转变职能，改变工作方式，提高行政效率，完善运行机制，加速行政立法。改革的重点是与经济体制改革关系密切的经济管理部门，推动其从直接管理为主转变为间接管理为主，强化宏观管理职能，淡化微观管理职能。通过这次改革，国务院部委缩减为41个，直属机构缩减为19个，非常设机构减到44个。其中，民政部属于国务院机构改革中保留的国家部委。

这次改革的重点是抓好定职能、定机构、定编制的"三定"方案，以确保理顺部门之间的关系，精简机构和人员编制。1988年7月，国家机构编制委员会第二次会议审议并批准了民政部机构改革的"三定"方案。该方案确认民政部是国务院负责社会行政管理的职能部门，主要任务是：通过做好基层政权建设和村民委员会、居民委员会建设工作，促进城乡经济的发展，推进基层民主生活的制度化；通过管理社会行政事务，调整人际关系，缓解社会矛盾，推进社会行政管理的法制化；通过发展社会福利与社会保障事业，推进公共福利事业的社会化；通过做好优抚安置工作，加强军政军民团结，促进国防建设现代化。在新形势下，为充分发挥社会稳定机制作用，适应改革开放的需要，为社会主义现代化建设创造一个良好的社会环境，其职能需要加强。该方案还确定设立办公厅、基层政权建设司、优抚司、安置司、救灾救济司、社会福利司、行政区划和地名管理司（中国地名委员会办公室）、社团管理司、社会事务司、婚姻管理司、政策法规司、人事教育司、综合计划司、国际合作司（民政部接待安置印支难民办公室），共14个职能司（厅）和机关党委。与改革前相比，民政司被撤销的同时增设了7个单位。这次改革使得民政部机构设置更加合理，优化了民政内设机构框架，人员编制也得到一定的加强，总体强化了民政部社会管理职责，确立了现代民政的核心职能，为进一步发挥民政职能作用创造了条件。

1988年12月，第九次全国民政会议召开。会议以深化改革发挥民政部门稳定机制作用为主题，肯定了各级民政部门在基层政权建设、农村救灾救济、社会福利、优抚、安置、社会事务管理等方面所取得的成绩；在建立农村基层社会保障制度、开展城市社区服务和社会福利有奖募捐活动等方面的积极探索；在民政理论研究、民政教育、民政法制建设和开展国际交流与合作方面取得的重要进展。同时，分析了经济转轨中新的社会矛盾问题，确定今后5年的民政工作方针：一是以改革总揽全局，解放思想，转变观念，深化改革，努力适应商品经济发展新形势；二是坚持"两条腿"走路，一方面，靠国家和各级政府的支持；另一方面，发动社会力量扩大基层社会保障；三是艰苦奋斗，勤俭办一切事业，努力发展为特定对象谋福利的民政经济；四是加强调查研究，分类指导，巩固成果，稳步前进。会议从党和国家发展需要出发，作出了民政部门在新形势下应发挥稳定机制作用的决策，强调民政工作要在巩固已有成果基础上继续深化改革，把全国民政工作推向一个新的发展阶段。

1988年12月18日，《人民日报》在第1版发表《发挥民政部门稳定机制作用》的社论文章。社论指出，民政部门是各级政府管理社会行政事务工作的职能部门，其任务主要包括3个方面，即政权建设的一部分、社会保障的一部分和行政管理的一部分。各级党委和政府要加强领导,把民政工作列入议事日程,有关部门要充分支持民政部门的工作。要动员社会各方面的力量来共同做好民政工作,使民政工作在改革中开拓前进。社论还强调,新的形势下,民政部门应当发挥民政工作完善社会结构、调整社会关系、缓解社会矛盾、实施社会服务、解决社会问题的稳定机制作用。与此同时,民政部门要充分发挥自己的主观能动性,搞好自身建设,继续发扬民政干部职工的"孺子牛"奉献精神,为社会主义两个文明建设作出新贡献,使民政工作在改革中开拓前进。

民政部"三定"方案确定后,民政职能业务依然在不断调整。1988年10月,国家机构编制委员会批准中国老龄问题全国委员会挂靠民政部。① 1989年10月,《社会团体登记管理条例》颁布,民政部门成为社会团体的登记管理机关,随后,基金会和外国商会登记管理职能也交由民政部门负责。1990年7月,国务院会议确定农村社会养老保险由民政部负责。1991年2月,民政部党组会议决定设立农村社会养老保险办公室。1991年6月,国务院、中央军委发出通知,决定成立全国拥军优属拥政爱民工作领导小组,领导小组办公室设在民政部。在民政部内部机构调整上,1989年8月,根据国务院机关事务管理局《关于中央国家机关后勤体制改革的意见》,民政部部长办公会议决定,将后勤事务从办公厅划分出来,成立机关服务中心;9月,人事部批准该

---

① 中国老龄问题全国委员会的前身是老龄问题世界大会中国委员会。它于1982年3月经国务院批准成立,是由一些政府部门、群众团体、科研机构、新闻单位等联合组成的社会团体,主要开展中国老龄问题调查研究,综合规划,组织协调,督促检查,参加有关老龄问题的国际性和地区性专题会议,开展多边或双边技术援助和技术合作,挂靠在劳动人事部。1982年10月,经国务院同意,"老龄问题世界大会中国委员会"更名为"中国老龄问题全国委员会"。

中心成立；1991年5月，民政部党组会议决定，机关服务中心也称行政管理司。这一时期，民政部机构职能在调整中趋于增多，业务管理不断走向专业化发展，从而推动着民政工作的开拓创新。

（三）加快民政工作的改革开放步伐

20世纪80年代末90年代初，中国处在社会主义改革开放、社会主义现代化道路与模式探索不进则退的临界点，处在徘徊前进、找准方向的十字路口。在这关键时刻，1992年1—2月，作为中国改革开放总设计师的邓小平勇敢地站出来，在赴武昌、深圳、珠海和上海视察过程中发表了一系列重要谈话，统称为"南方谈话"。谈话力排众议，明确回答了长期困扰和束缚人们思想的许多重大认识问题，重申了深化改革、加快发展的必要性和重要性，在一系列重大理论和实践问题上，提出了新观点，讲出了新思路，开创了新视野，有了重大新突破，将建设有中国特色社会主义的理论与实践大大地向前推进了一步，也引导着中国特色社会主义建设继续前行。

在认真学习邓小平南方谈话基础上，为适应全面深化改革新形势的需要，1992年7月，民政部发出《关于加快民政工作改革开放步伐的意见》，提出加快民政工作改革开放的基本思路，并就民政工作所涉及的福利企业改革，民政事业单位改革，民政资金资源开发，社区服务、社会养老保险发展和救灾救济体制改革，社会行政管理工作改革，民政机构改革等多方面的创新发展进行规划设计，提出推动民政事业迅速发展、加快民政工作改革开放步伐的意见建议。其中，在加快民政工作改革开放的基本思路中，该意见提出，要立足服务，面向社会，推进民政工作社会化，为经济建设服务，为经济体制改革服务；加速建立和完善社会保障体系，加大农村社会养老保险、社会福利、社区服务、优抚安置、救灾救济等项工作改革开放的力度,推动整个民政工作更快更好地上一个新台阶。同时,其还提出发展民政经济,形成自我发展、自我增殖的民政经济运行机制,以及民政部门主管事业单位立足本职,通过转企、开放、扩大服务等办法,搞好第三产业的开发等。加快民政工作改革开放步伐及其基本思路对今后较长时期的民政工作改革发展进行了较为全面的规划部署,并就民政工作发展中所存在的体制机制、方式方法、经费保障、能力建设等问题,提出了有针对性的政策以破解这些困难和问题,为民政工作发展提供了方向指引。但是,也不排除其中有关民政经济、产业开发等的设想基于政府部门定位以及各种客观因素限制,并未能付诸实施,更未能落到实处。

在邓小平发表南方谈话,继续推动中国特色社会主义建设理论与实践创新前行的背景下,1992年10月,党的十四大召开。会议以邓小平建设有中国特色社会主义的理论为指导,认真总结党的十一届三中全会以来14年的实践经验,确定今后一个时期的战略部署,动员全党同志和全国各族人民,进一步解放思想,把握有利时机,加快改革开放和现代化建设步伐,取得有中国特色社会主义事业的更大胜利。这次大会确立了邓小平建设有中国特色社会主义理论在全党的指导地位,明确我国经济体制改革的目标是建立社会主义市场经济体制,提出围绕社会主义市场经济体制的建立,要抓紧制定总体规划,有计划、有步骤地进行相应的体制改革和政策调整。同时,大会要求全党抓住机遇,加快发展,集中精力把经济建设搞上去。邓小平南方谈话和党的十四大的召开,标志着中国改革开放和社会主义现代化建设进入新的发展阶段。

建设社会主义市场经济体制的改革目标,以及相应的经济体制改革及政策调整对民政工作发展提出新的要求。1993年1月,全国民政厅

（局）长会议召开。会议提出了新形势下民政工作发展的基本思路，包括须立足于解决社会问题、缓解社会矛盾纠纷，更好地发挥稳定机制作用；将工作重点放在社会保障体制的建立完善上，抓好发展社会主义市场经济的配套工程；深化民政企事业单位改革，积极开拓社会服务的新领域；以推进基层民主政治建设为目标，加强基层政权和群众自治组织建设等。

二、经济体制转轨时期的民政工作成就

在经济体制改革从农村推进到城市，从计划经济到有计划的商品经济，再到市场经济的体制改革探索过程中，社会主义经济体制改革的目标最终确立。党和政府紧紧围绕经济体制的转轨，及其带来的新形势新挑战，积极主动调整民政部门的职责定位和职能任务，推动着民政部门在服务经济社会协调发展中的作用越来越突出，特别是在社会救助、民间组织管理、社区建设、灾害救助、拥军优抚安置等方面发挥好服务改革发展稳定大局的职能，从而有力地支持了中国经济体制从计划经济向市场经济的转型。

在体制转轨过程中，民政部门根据全面改革开放的要求和社会主义初级阶段的基本国情，做好所负责的各项民政工作业务。包括积极参加基层政社分开工作，探索推进基层群众自治活动的有序展开；推进双拥模范城（县）创建，探索优待抚恤制度创新；推进多种形式的福利事业发展，积极兴办农村敬老院，促进农村五保供养的法制化；开展省、县边界勘界试点工作等。同时，积极拓展民政工作的新领域、新业务，包括积极推动救灾同扶贫紧密结合，扶持贫困户和优抚对象发展生产，开启了农村社会养老保险的试点工作；在城市积极推动社区服务理念落

地，拓展社会福利服务的新领域和新渠道；创新以社会福利有奖募捐弥补国家财政投入不足的新路径，开启中华人民共和国福利彩票发展的历史先河等。在经济体制转轨时期，民政工作发展的突出成就主要表现在六方面。

（一）基层政权建设取得新进展，村民自治制度逐步建立健全

在党和政府的肯定和引领下，为配合农村经济体制改革和政治体制改革，各级民政部门积极参与改革农村基层政权，改革人民公社政社合一和生产大队管理体制的工作。在建立乡政府的同时，有领导、有计划、有步骤地开展建立村民委员会工作，使得具有中国特色的农村基层群众自治组织得以建立。在政社分开改革中，全国建立乡（镇）政府69842个、村民委员会845025个。在此基础上，推动建立以民主选举、民主决策、民主管理和民主监督为主要内容的村民自治制度，保障广大农民当家作主、管理自身相关事务的权利，从而密切了干群关系，促进了农村的稳定发展，调动了广大农民建设社会主义的积极性、主动性和创造性。

（二）开启城市社区服务，并推动社区的持续提升

20世纪80年代中期，城市居民委员会建设逐步推动，城市的居民自治也逐步发展起来。与此同时，为适应经济体制改革和加强城市基层社会服务的需要，民政系统借鉴了国外"社区服务"的理念实践，并将其与中国的实际情况相结合，在部分有条件的城市开展了以社区居民、驻区单位为服务对象，以满足社区居民公共服务和多样化生活服务需求为主要内容，旨在提高基层群众生活质量，由政府引导支持和多方共同参与的社区服务试点工作，推动以社区服务代替街道社区福利，受到了社区居民和单位的广泛欢迎，提升了社区意识和社区凝聚力。

(三) 改革强化救灾救济工作，探索农村扶贫新方式

改革救灾款的使用管理方法，把救灾同扶贫、与合作保险密切结合起来，推动救灾救济工作实现3个结合：把单纯的生活救济同扶持受灾群众发展生产相结合，救灾款无偿发放和有偿使用相结合，救灾同发展农村合作保险相结合。帮助灾民开展生产自救，为易受重大灾害地区的农户办理救灾合作保险，促进了灾区生产的恢复和发展。进一步探索救灾工作分级负责、救灾经费分级负担、专户管理制度，完善了经常性社会捐助制度，增强了抗灾救灾的综合协调和快速反应能力。在扶贫工作中，过去单纯进行生活救济"输血"方式逐步变革，用多种方法扶持贫困户和优抚对象发展生产，更加注重增强贫困户的"造血"机能，并将农村扶贫从民政部门的扶持扩展到动员社会力量积极参与。

(四) 开创社会福利有奖募捐活动，筹集社会福利资金

为弥补国家财政对社会福利事业投入的不足，民政系统立足社会主义初级阶段的基本国情，学习借鉴国外社会福利筹资的做法经验，并经党中央和国务院批准，建立中国社会福利有奖募捐委员会，并由其主导发行社会福利有奖募捐券，开启社会福利筹资活动。1987年7月，在石家庄成功发行了中华人民共和国第一张福利彩票——中国社会福利有奖募捐券，所筹资金主要用于扶老、助残、救孤、济困，开启了中华人民共和国社会福利彩票发行的历史先河。

(五) 推进社会福利事业在改革中取得新进展

推动福利事业由单一形式向多种形式发展，进一步明确了社会福利生产的性质，使得社会福利事业单位走上了企业化管理的探索发展道路。推动包括社会福利院、儿童福利院、精神病院在内的社会福利事业逐步实现从国家包办向国家、集体、个人多元参与办院的转变，从救济

为主的补缺型福利向发展型社会福利转变,从单纯生活供养向供养与康复并重的方向转变。1987年,我国第一次残疾人抽样调查开启,并由此推算出当时全国约有各类残疾人5164万人,约占全国人口的5%,为进一步推动残疾人福利事业的发展奠定了基础。

(六)开启民间组织登记管理,加快推进社会事务行政管理

1988年国务院机构改革,当年10月颁布的《社会团体登记管理条例》将社团的登记管理职能交由民政部门,随后,基金会和外国商会登记管理职能也交给民政部门。在行政区划管理方面,改变城乡分割设置市、镇的方式,制定了新的市镇标准,推动中小城市和建制镇的发展,并开展全国勘界工作的试点。在殡葬管理方面,划定了火葬区和土葬改革区,规定了共产党员和干部应简办丧事,带头实行火葬。在婚姻登记管理方面,加强婚姻登记法制建设,修订了《婚姻登记办法》,发布涉外、涉港澳、涉台婚姻登记的一系列规定,使婚姻登记管理工作步入法制发展轨道。

第三节 市场经济体制建构时期的民政工作
(1993—2002年)

党的十四大确定建立社会主义市场经济体制,再次推动着党和国家机构的调整和精简改革。1993年党的十四届三中全会就建立社会主义市场经济体制重大问题通过决议,明确了建立社会主义市场经济体制的框架任务。市场经济体制的建立,极大地促进了社会生产力的发展,同时也带来了诸如下岗、失业等新的社会问题。基于此,党和政府将民政

工作的职责作用定位于解决社会问题,调节社会矛盾,维护社会稳定,促进社会公平,依法维护和保障人民群众基本生活权益,为党和政府中心任务服务上。这使得民政工作在为改革发展稳定大局服务方面,在为最需要帮助的困难群众服务方面,在保障人民群众基本生活权益和民主政治权利方面发挥了积极作用。

一、市场经济体制建构时期的民政机构与民政工作

建构社会主义市场经济体制,推动着整个国家经济社会的转轨,带来了社会的快速转型,使得党和国家重新界定其经济社会职责,推动社会管理职能的重新配置,从而也推动着民政机构与民政工作的适应性调整和渐进性变革。

(一)市场经济体制建构时期的民政机构调整

党的十四大明确提出建立社会主义市场经济体制改革目标,意味着市场在国家宏观调控下对资源配置起基础性作用。为适应建立社会主义市场经济体制的需要,经济体制改革的综合配套改革需要一体化推动,无论是改革的广度、深度还是改革的力度、难度,都超过了以往任何时期。在此背景下,进一步改革政府机构,加快政府职能转变,实行精兵简政就变得十分必要。20 世纪 90 年代初,党政机构臃肿,层次重叠,许多单位中的人浮于事、效率低下、脱离群众等问题也使得行政管理体制和党政机构到了非改不可的地步。1993 年 3 月,党的十四届二中全会审议通过了《关于党政机构改革的方案》。这是第一次在中央全会上讨论通过机构改革方案。随后,八届全国人大一次会议审议通过《国务院机构改革方案》,按照转变职能、理顺关系、精兵简政、提高效率的原则,对综合及专业经济部门、社会管理部门、直属机构、办事机构

和非常设机构提出不同的改革设计方案。经过改革,国务院组成部门调整为41个,直属机构调整为13个,办事机构调整为5个,部委管理的国家局仍是15个,非常设机构大幅度地裁减到26个。在这次党和国家机构改革中,民政部依然属于予以保留的国家部委。

为适应政府机构改革要求,基于转变职能、理顺关系、精兵简政、提高效率的考量,民政部提出对内设机构及其主管业务进行调整:一是弱化直接管理,将婚姻案件复议、民政干部培训、黄山和厦门全国离退休干部疗养院管理和区划地名研究、社团咨询服务等职能,分别移交给地方、事业单位和社团承担;二是理顺部内工作关系,将原政策法规司与办公厅合并,以强化办公厅的综合协调职能;三是合理设置管理机构,加强社会救济、社会福利、优抚安置及农村养老保险等社会保障的宏观管理,将原来业务性质相近、业务较为单一的婚姻管理司与社会事务司合并。1993年12月,国务院办公厅印发《民政部职能配置内设机构和人员编制方案》,将民政部定位为政府进行社会管理的重要职能部门之一,其内设机构调整为:办公厅、优抚司、安置司、救灾救济司、农村社会保险司、社会福利司、基层政权建设司、区划地名司、社团管理司(1997年5月,更名为社会团体和民办非企业单位管理司)、社会事务司、计划财务司(1994年10月更名为财务和机关事务司)、国际合作司共12个职能司(厅)和机关党委(人事教育司)。全国双拥领导小组、中国国际减灾十年委员会两机构的办公室依然设在民政部。这次调整使得民政部门在保障人民群众的基本生活权益、维护社会稳定方面的职能得到重视和强化。

1993年11月,党的十四届三中全会召开。全会审议并通过了《中共中央关于建立社会主义市场经济体制若干问题的决定》。该决定指出，社会主义市场经济体制是同社会主义基本制度结合在一起的。建立社会主义市场经济体制，就是要使市场在国家宏观调控下对资源配置起基础性作用。为此，必须坚持以公有制为主体、多种经济成分共同发展的方针，进一步转换国有企业经营机制，建立全国统一开放的市场体系，转变政府管理经济的职能，建立以按劳分配为主体，效率优先、兼顾公平的收入分配制度，建立多层次的社会保障制度，为城乡居民提供与我国国情相适应的社会保障，促进经济发展和社会稳定。全会勾勒出社会主义市场经济体制的基本框架，推动着经济体制改革目标原则的具体化，确定了国有企业改革的基本方向，成为20世纪90年代经济体制改革的行动纲领。

党的十四届三中全会提出，建立多层次的社会保障体系，将社会保障内容界定为社会保险、社会救济、社会福利、优抚安置和社会互助、个人储蓄积累保障六方面。并强调社会保障政策要统一，管理要法制化；社会保障水平要与我国社会生产力发展水平以及各方面的承受能力相适应，城乡居民的社会保障办法应有区别。鉴于社会保障体系中的大部分内容属于民政管理的范畴，全会对建设社会保障体系的要求、内容设计及其建设原则等为民政业务范畴的拓展创造了有利条件。

1994年5月，第十次全国民政会议召开。这次会议以保障人民群众的基本权益作为民政工作的出发点，强调要通过各种渠道，切实为群众排忧解难，维护社会秩序，促进两个文明建设的健康发展。会议提出，今后一个时期乃至20世纪末民政工作改革与发展的指导思想是：以邓小平建设有中国特色的社会主义理论和党的基本路线为指导，抓住机遇，深化改革，扩大开放，全面推进各项民政事业的发展，依法维护和保障人民群众基本生活权益，促进社会稳定，为实现国民经济和社会发展第二步战略目标贡献力量。会议确定今后一个时期民政工作改革与发展的基本思路是以维护和保障人民群众基本生活权益为基本任务,以社会保障为重点,面向农村,面向基层,大力推进民政事业社会化,加强法制建设和自身建设,积极发展民政经济,建立与社会主义市场经济体制相适应的民政工作管理体制和运行机制,全面推进各项民政事业的改革与发展。

会议明确民政工作今后5年乃至20世纪末的发展目标是:在农村初步建立起与经济发展水平相适应的层次不同、标准有别的社会保障制度;在20世纪末使民政救济对象的生活随着当地群众生活水平的提高,跟上奔小康的步伐;在城市要建立起立足民政、面向社会的以社区服务为重点的社会福利服务体系,对城市社会救济对象逐步实行按当地的最低生活保障线标准进行救济;建立和完善国家、社会、群众相结合的优抚安置管理体制和服务体系,优抚对象的生活略高于当地一般群众生活水平,依法保障对城市退伍义务兵、志愿兵和军队离退休干部的安置;基层政权的职能普遍得到加强,逐步建立较为完善的村(居)民委员会民主自治制度;建立起运转协调、高效灵活、管理和服务有机结合的民政社会行政管理体制,健全法制,依法行政,依法管理。为此,提出5年内民政部门主要应做好下列5项工作:一是深化救灾体制改革,逐步推进农村社会养老保险;二是大力发展社区服务业,建立和发展城市社会福利服务体系;三是改革完善优抚安置制度,落实优抚安置政策,建立优抚安置管理服务体系;四是加强基层政权和群众自治组织建设,推进基层民主;五是强化社会行政管理,发展社会公益事业,建立、完善管理与服务相结合的管理体制。基于民政部门的职能定位,福利企业管理、服务开发等民政经济职能走向弱化,而社会保障、社会服务职能进一步强化,最低生活保障、农村养老保险等全新职能出现,基层选举、群众自治、社区服务、社团登记、公益事业管理、儿童收养等职能得到了重视。

1994年5月17日,《人民日报》第1版撰文《做好民政工作 促进社会稳定和发展》。文章强调,民政工作涉及千家万户,同人民群众的生活有着密切的关系,与我国社会主义现代化建设各项事业的发展息息相关,具有很强的社会性和群众性。文章提出,民政工作部门要注意了解研究社会主义市场经济体制下面临的新情况,总结新经验,解决新问题。各级党委和政府要加强领导,把这项工作列入重要议事日程,各有关部门要关心、支持民政工作,要动员社会各方面的力量来共同做好民政工作。

1993年,民政部职能机构改革后,内部机构调整较多。1994年8月,经批准,民政部发出通知成立民政部离退休干部局;9月,根据国务院领导同志关于加强社会福利资金管理的指示,中募委原承担的部分行政管理职能移交民政部,其所属社会福利奖券发行中心更名为中国社会福利彩票发行中心,成为民政部管理的事业单位;12月,民政部发出通知,成立民政部农村社会养老保险服务中心。在所属事业单位调整方面,1994年4月,经中编办批准,设立民政部培训中心,与民政管理干部学院合署办公,实行"两块牌子、一套人马";7月,民政部印发《民政部机关服务中心职能配置、内设机构和人员编制方案》,推进机关服务中心管理的制度化。1997年1月,经中编办批准,建立民政部社会福利中心。在新增职能方面,1995年11月,国务院勘界工作领导小组成立,民政部领导为小组成员,领导小组的办事机构设在民政部。

(二)适应市场经济体制的民政机构变革

1997年9月,党的十五大召开。大会总结了我国社会主义改革和建设的新经验,首次使用"邓小平理论"的提法,并将邓小平理论确立为党的指导思想。大会对社会主义初级阶段和初级阶段怎样建设社会主义作了深刻的阐述,把坚持公有制为主体、多种所有制经济共同发展,坚持按劳分配为主体、多种分配方式并存,确定为我国在社会主义初级阶段的基本经济制度和分配制度。大会把依法治国确定为党领导人民治理国家的基本方略,还对如何实现"三步走"战略目标中的第三步目标作出进一步规划,提出了新的"三步走"发展战略,对我国跨世纪发展作出战略部署。以邓小平理论为指导、基本经济分配制度的确立、全面依法治国对民政工作的改革发展提出新要求,要求改革不适应市场经济发展的政策做法,切实转变民政职能,推动民政管理的法制化,不断改进和加强各项民政业务。

随着市场经济体制的加快建立和逐步完善,社会转型和政府职能转变的进程加快,特别是随着计划经济体制下建立的单位制解体,单位的社会功能被剥离,城市化进程加快和人口社会流动的加剧,社会经济成分、社会组织形式、群众就业方式、社会利益关系日益多样化,越来越多的"单位人"变成了"社会人"。20世纪末,党和政府以及民政部门所面临的改革任务依然繁重。

面对社会转型的形势和挑战,党和国家机构改革又一次提上日程。1998年3月,九届全国人大一次会议审议通过《关于国务院机构改革方案的决定》。该决定提出的改革目标为:建立办事高效、运转协调、行为规范的政府行政管理体系,完善国家公务员制度,建设高素质的专业化行政管理队伍,逐步建立适应社会主义市场经济体制的有中国特色的政府行政管理体制。并将改革原则确定为：按照社会主义市场经济的要求，转变政府职能，实现政企分开；按照精简、统一、效能的原则，调整政府组织结构，实行精兵简政；按照权责一致的原则，调整政府部门的职责权限，明确划分部门之间职责分工，完善行政运行机制；按照依法治国、依法行政的要求，加强行政体系的法制建设。这次改革调整撤销了直接管理经济的专业部门，结束了专业经济部门，诸如电力工业部、煤炭工业部、冶金工业部、机械工业部、电子工业部、化学工业部、邮电部、地质矿产部、林业部、国内贸易部等直接管理企业的体制，使得政企不分的组织基础在很大程度上得以消除，政府职能转变有了重大进展。改革后除国务院办公厅外，国务院组成部门减少到29个，包括国家政务部门12个，宏观调控部门4个，专业经济管理部门8个，教育科技文化、社会保障和资源管理部门5个。与此同时，中共中央各部门和其他国家机关及群众团体的机构改革陆续展开。1999年后，省级政府和党委的机构改革分别展开；2000年，市县乡机构改革全面启动，精简机构和人员。经过改革，全国省级政府机构由平均55个减为40个，平均精简20%左右；省级政府人员编制平均精简47%；市、地级政府机构由平均45个减为35个；县级政府机构由平均28个减为18个。这次党政机构精简改革取得了很大的成绩，到2002年6月，在机构改革后，全国各级党政群机关共精简行政编制115万名，市县乡政府清退超编人员43万人，党政机构与干部队伍结构得以趋向合理。在1998年的国务院机构改革中，民政部依然得以保留。

虽然民政部仍是主管有关社会行政事务的国务院组成部门，但一些职能业务也经历了调整。其中，民政部主管的农村社会养老保险职能划转给劳动保障部。民办非企业单位的登记管理工作、国家经济贸易委员会承担的组织协调抗灾救灾的职能划归民政部。国务院退伍军人和离退休干部安置领导小组、国务院勘界工作领导小组撤销后,其具体工作由民政部承担。同时,将各类民政事业单位的管理服务和等级评定、福利企业经营管理和技术改造项目审批、国内外对中央政府以外的捐赠接收、指导灾区进行生产自救、社团和民办非企业单位年度检查的具体事务、指导残疾人康复、假肢和殡葬行业管理职能,分别交给企事业单位、社会中介组织或地方民政部门承担。民政部的机构设置压缩,优抚司、安置司合并为优抚安置局,社会福利司、社会事务司合并为社会福利和社会事务司。部分机构调整更名,计划财务司调整为财务和机关事务司,社团和民办非企业单位管理司更名为民间组织管理局,国际合作司更名为外事司,机关党委(人事教育司)改为人事教育司。经过调整后,民政部的机构设置为:办公厅、民间组织管理局、优抚安置局、救灾救济司、基层政权和社区建设司、区划地名司、社会福利和社会事务司、财务和机关事务司、外事司、人事教育司(机关党委办事机构设在人事教育司)共10个职能司(厅、局),同时,机构行政编制压缩至原有的半数左右。

在这次改革中,《民政部职能配置内设机构和人员编制方案》中所进行的职能调整有3个突出特点:一是职责描述更为全面、周延和准确,与其他政府部门的职责边界更加清晰,最低生活保障制度的建立进一步强化了民政部门的基本民生保障职责,政府负责的社会救助、社会福利、优抚安置等职责使得其承担的社会保障功能得到巩固和完善;二是公共服务、社会服务的职责突出,特别是社会团体登记管理、救灾救济、村民自治、社区建设、儿童等特殊群体福利保障等的职责得到强化,"社团管理司"更名为"民间组织管理局"说明政府已认同和接纳民众的自由结社权，承认了民间组织的合法性，并以积极主动合作的姿态来共同管理社会生活，推进公民结社的自我管理，以提升社会自治与合作治理水平；三是民政相关的经济色彩进一步弱化，福利企业的建设、管理职责基本没有涉及，民政经济的概念完全淡出了民政职责范畴。

1998年民政部机构改革后，其职责职能再次出现变动。1998年8月，中编办批准，将全国抗灾救灾综合协调办公室设在民政部。1999年6月，国务院勘界工作联席会议制度建立，民政部、科技部等12部（委、局）为其成员单位，日常工作由民政部全国勘界工作办公室负责；10月，党中央、国务院批准成立全国老龄工作委员会，其办公室设在民政部，日常工作由中国老龄协会承担。2000年3月，中编办批准，《中华老年报》报社与《中国老年报》报社合并为《中国老年报》报社，由民政部主管；10月，国务院批准，中国国际减灾十年委员会更名为"中国国际减灾委员会"，其办公室设在民政部。在民政部内设机构及事业单位调整方面，1999年12月，经中编办批准，民政部成立民间组织服务中心；2002年4月，中编办批复同意成立中华人民共和国民政部国家减灾中心。2001年6月，民政部召开全国民政信息化建设会议，会议要求以信息化带动民政工作现代化。这是民政部有史以来召开的第一次信息化建设专题会议，信息化成为推动民政业务管理的重要方面。

2002年5月，第十一次全国民政会议召开。江泽民在会议讲话中强调，民政工作要更好地为人民服务，为最需要帮助的困难群众服务，为改革发展稳定的大局服务。会议以邓小平理论和"三个代表"重要思想为指导，全面总结了1994年第十次全国民政会议以来的民政工作，确定了新形势下民政工作的指导思想、基本思路、目标任务和主要措施，提出动员各地区、各部门和社会力量共同做好民政工作。

会议提出，新时期民政工作要想为中心服好务，为大局服好务，就要以邓小平理论和"三个代表"重要思想为指导，依法管理社会行政事务，保障人民群众基本生活权益和民主政治权利，维护社会稳定、促进社会公平、推动社会进步。会议确定了新形势下民政工作的发展目标是努力实现有效的社会救助、广泛的基层民主、优质的福利服务、牢固的军民团结、规范的社会管理。其总体思路是推进民政工作法制化、民政事业社会化、服务组织网络化、工作手段信息化。为确保新时期民政工作奋斗目标的实现，会议强调民政部门要进一步加大解放思想、更新观念、转变职能、提高素质的力度；进一步加大依法行政、规范管理的力度；进一步加大民政事业的投入力度；进一步加大基层基础工作的力度。会议所提出的民政工作"三个服务"的定位，即更好地为人民服务，为最需要帮助的困难群众服务，为改革发展稳定的大局服务，揭示了新时期民政工作的本质属性，反映了民政工作实践在保障人民群众尤其是困难群众的基本生活权益，发展社会主义民主政治，支持国防和军队现代化建设，促进社会公平、维护社会稳定方面的特殊地位和作用，成为指导新时期民政工作方向的新理念。会议还确立了"政府主导、部门协作、社会参与"的民政工作机制，确定了推进民政工作法制化、民政事业社会化、服务组织网络化和工作手段信息化的工作思路，明确了以建立灾害救助体系、社会救济体系、社会互助体系和社会福利体系为重点的各项工作任务，提出了强化工作任务落实的重要措施。

2002年5月29日，《人民日报》发表社论《谱写民政事业新篇章》。社论指出，跨入新世纪，民政工作的内容越来越丰富，任务越来越繁重，作用越来越重要。必须坚持以邓小平理论和"三个代表"重要思想为指导，解放思想，开拓创新，大力推进民政工作法制化、规范化、信息化，努力实现有效的社会救助、广泛的基层民主、优质的福利服务、牢固的军民团结和规范的社会事务管理。当前，要切实加强城市居民最低生活保障，这是民政工作一项突出重要的任务。各级党委和政府要把民政工作放在更加重要的位置，进一步加强领导，将民政事业纳入国民经济和社会发展总体规划，摆上重要议事日程。要完善政府主导、部门协作、社会参与的工作机制，共同推进民政事业发展。各级民政部门和民政系统的干部职工要进一步发扬我们党的优良传统，发扬"俯首甘为孺子牛"的精神，深怀爱民之心，恪守为民之责，善谋富民之策，多办利民之事，更好地为广大人民群众服务，为最需要帮助的困难群众服务，为改革、发展、稳定的大局服务。

二、市场经济体制建构时期的民政工作成就

在经济体制改革的求索中，我国建立社会主义市场经济体制的改革目标最终确立。为适应市场经济体制建构的要求，民政工作在改革探索创新中大力推动依法行政与规范管理，逐步探索与市场体制相适应的管理体制和运行机制，包括针对下岗、失业人员的基本生活问题，建立城市居民最低生活保障制度，为深化国有企业改革创造条件，拉开社会救助体系建设的序幕等。民政部门还积极推进社会福利社会化，建立健全农村村民自治制度，大力推进城市社区建设，确立救灾工作分级负责的管理体制，完善收养法律制度，积极应对人口老龄化，以自谋职业探索推进城镇退役士兵安置改革，探索发展现代慈善事业等。此外，民政部门还推动健全社会组织登记管理体制，开展社团清理整顿工作，为社会

组织的健康发展奠定基础。

民政部门紧紧围绕发展社会主义市场经济的时代主题，主动提出适应建立社会主义市场经济体制的新要求，切实保障人民群众的基本生活权益和民主政治权利，服务党和国家工作大局。这使得民政部门在服务经济社会协调发展中的作用越来越突出，特别是社会救助、民间组织管理、社区建设、灾害救助、拥军优抚安置等方面发挥好服务改革发展稳定大局的职能，有力地支持了中国经济体制从计划经济向市场经济的转型，为市场经济体制构建和创造了有利条件。在市场经济体制构建时期，民政工作在探索发展中取得了突出成就。

(一) 建立城市居民最低生活保障制度

在推动城乡社会救济制度的探索改革中，全面建立起城市居民最低生活保障制度。在保障对象上，突破农村"五保"对象和城市"三无"人员的传统范围，覆盖了包括下岗职工在内的所有城镇生活困难群众。在保障标准上，由无明确标准或连续几年固定的静态标准，到建立规范测算和随着物价与人民生活水平的提高而不断调整的动态机制。在资金来源上，由过去根据财政状况临时调剂改为依法足额纳入各级财政预算。在管理方式上，由过去仅靠基层政权组织决定改为居民申报、居委会考核、街道办事处审核、民政部门审定、张榜公布、公开发放、接受监督的规范化管理。低保制度的建立，大大提高了城市社会救助工作的水平和规范化程度，建构起了保障城市居民基本生活的最后一道安全网，成为中国特色社会保障体系的重要组成部分，为深化国有企业的改革创造了条件，对于社会主义市场经济体制的建立完善，社会稳定和国家长治久安具有重要意义。

(二) 推进城市从社区服务发展到社区建设

随着社区服务领域的不断拓展和城市社会组织结构的变化，民政部门不失时机地把居委会建设和社区服务紧密结合起来，有计划、有步骤地开展了社区建设工作。确定了地方党委和政府领导，民政部门牵头，有关部门配合，社区居民和社会力量广泛参与的新的社区建设工作体系。明确了以建设环境优美、治安良好为目标，以提高社区居民综合素质和生活质量为宗旨，以社区组织建设为重点，以发展社区服务为龙头的社区建设工作基本思路。社区建设的推进，对于建立独立于用人单位之外的社会化服务网络，提高社区居民生活质量，扩大城市基层民主，完善城市基层社会管理体制，都具有重要而深远的意义。

(三) 推动社会福利改革及其社会化发展

这一时期，社会福利事业由国家包揽、资金来源单纯依赖财政拨款的局面被打破，在政府倡导支持和宏观管理之下，开始动员社会力量兴办多形式、多层次的社会福利事业，并基本做到了资金投入多渠道，扶持保护有政策，审批管理有办法，建筑设计有标准，检查监督有依据。在国有福利事业单位中引进市场机制，不断深化人事、用工和分配3项制度的改革，推行市场化方式运作，初步实现了由封闭型向开放型、单纯供养型向供养康复型的转变，并推动其朝着自主经营、强化管理、规范服务、参与竞争和产业化的方向发展。同时，在保障残疾人合法权益的前提下，有步骤地对福利企业进行了改组、改制和改造，强化了内部管理，在建立产权清晰、权责明确、自主经营、自负盈亏的现代企业制度方面迈出了重要步伐。通过改革，一个由政府宏观调控、社会力量主办、福利机构自主经营的适应社会主义市场经济要求的社会福利事业发展新格局初见雏形。2001年年底，全国各类社会福利事业单位发展到

39338个,床位124.7万张,收养89.3万人;全国有福利企业3.8万多家,安置残疾职工70万人。

(四)深入开展优抚安置工作,落实优抚安置政策

这一时期,拥军优属活动实现了制度化、群众化,军地互动进一步增强。为适应农村经济体制变革,相应地改革了农村优待军烈属制度,逐步实现了优待方式的规范化。原已建立的干休所(服务站)管理工作走上规范化轨道,军队离退休干部的政治、生活待遇基本得到落实。1998年,国务院召开全国拥军优抚安置工作会议,并结合创建双拥模范城(县)活动和"爱心献功臣"行动,促进了优抚安置政策的全面落实。同时,按照市场经济发展要求改进安置工作,理顺军地关系,拓宽退役士兵安置渠道,较好地完成了安置任务。下大力气解决重点优抚对象生活难、住房难、医疗难的问题,保障了优抚安置对象的合法权益,巩固了军政军民关系,为军队和国防建设作出了贡献。

(五)完善民间组织管理体制,推进民间组织法制化

1996年,国务院把民办非企业单位登记管理职能交给民政部。1998年,国务院颁布了《社会团体登记管理条例》《民办非企业单位登记管理暂行条例》。这些法规的颁布进一步明确民间组织业务主管单位和登记管理机关各负其责、密切配合的双重管理体制,推进了民间组织的法制化管理。基于这些法规,民政部门在全国开展了社团清理整顿和民办非企业单位的归口登记管理工作,取缔了包括"法轮功"邪教组织在内的一批非法组织,保障了人民群众的结社权利,进一步促进了民间组织的健康发展。

(六)全面勘定省、县两级行政区划区域界线

1996年,国务院下发通知,决定用5年时间勘定省、县两级陆地

行政区域界线。从1996年开始,经过广大勘界工作者5年的不懈奋斗和艰苦努力,共勘定省界68条、长6.24万公里;县界6379条、长41.7万公里,基本完成了全国省、县两级行政区域界线勘定的任务,结束了我国从未勘定省、县法定行政区域界线的历史,对于从根本上解决边界争议,实施有效的行政管理,维护边界地区社会稳定具有重要意义。

这一时期,民政各项工作业务都取得了明显的进步。在救灾工作方面,倡导并健全了救灾工作分级负责、救灾款分级负担的管理体制,有效开展自然灾害应急工作,建立了救灾物资储备制度。在优抚安置方面,结合创建双拥模范城(县)活动,促进优抚安置政策的落实,建立全国性基本标准与地区性标准相结合的分类、分级负担抚恤补助经费的制度,部分省市建立了抚恤补助标准的自然增长机制,拓宽了退役士兵安置渠道,较好地落实了军休人员的政治待遇和生活待遇。在村民自治方面,建立健全了以民主选举、民主决策、民主管理和民主监督为主要内容的村民自治制度,全国80%以上的村实行了村务公开,保障广大农民当家作主的权利,密切了干群关系,促进了农村的发展与稳定。在区划调整方面,根据实践经验和形势发展要求,进一步修订调整区划的有关标准和政策,规范区划调整的审核、审批程序,使区划调整工作逐步走向规范化、制度化的轨道。在老龄工作方面,成立了全国老龄工作委员会,各地建立老龄工作议事协调机构,建立新的老龄工作机制,促进老龄事业的发展。同时,还在地名管理、婚姻登记、殡葬管理、儿童收养、福利彩票发行以及福利资金分配使用等方面推动了多项具有改革意义的探索实践。民政法制建设、政策理论研究、新闻宣传、信息化建设、人事教育、群众信访、对外交流、计划财务等方面也取得了新的进步。

第四节 和谐社会建设时期的民政工作
（2002—2012 年）

在市场经济建构过程中，各种利益纠纷矛盾增多，一些群体性事件也多发易发，维持社会稳定与社会秩序的压力对党和政府的社会建设提出新的挑战。国家在经济建设方面取得了巨大成就，必然要求将社会建设放到更加突出的位置。党和政府确定了全面建设小康社会的奋斗目标，以及建设社会主义新农村、构建和谐社会、加强以改善民生为重点的社会建设等一系列重大战略任务。这为民政工作的持续发展提供了前所未有的发展机遇。在和谐社会建设背景下，民政工作积极履行公共服务和社会管理职能，探索在社会保障方面发挥作用，致力于缓解社会矛盾，维护社会的稳定和谐。同时，还努力增强社会创造新的活力，夯实社会稳定有序的基石。

一、和谐社会建设时期的民政机构与民政工作

党的十六大以来，为全面建设小康社会，党和政府越来越关注和谐社会建设问题。在"三个代表"重要思想、科学发展观的指导下，中国特色社会主义继续前进。民政工作确立了"以民为本，为民解困，为民服务"的宗旨，民政部门在构建社会主义和谐社会中的重要基础作用也得到了发挥。

(一)"三个代表"思想指导下的民政工作

2002年11月,党的十六大召开。大会主题为:高举邓小平理论伟大旗帜,全面贯彻"三个代表"重要思想,继往开来,与时俱进,全面建设小康社会,加快推进社会主义现代化,为开创中国特色社会主义事业新局面而奋斗。会议系统总结了党的十三届四中全会以来13年奋斗历程和党领导人民建设中国特色社会主义的10条基本经验,科学阐述了"三个代表"重要思想的时代背景、历史地位、精神实质及其指导意义,在准确判断中国所处历史方位的基础上确定21世纪头20年全面建设小康社会的具体奋斗目标,从历史和时代的高度对我国改革开放和社会主义现代化建设作出了全面部署,提出"努力形成全体人民各尽其能、各得其所而又和谐相处的局面"。这标志着我国进入全面建设小康社会,加快推进社会主义现代化新的发展阶段,从而也为民政事业的改革发展指明了方向。

为贯彻落实党的十六大精神,民政业务进行了适应性调整,相关制度建设提速。2003年3月,广州发生孙志刚事件;6月,强制性收容遣送制度被废除,《城市生活无着的流浪乞讨人员救助管理办法》颁布,强制性收容遣送转型为自愿性生活救助。2003年6月,全国村务公开协调小组成立,由民政部牵头;8月,国务院发布《婚姻登记条例》;10月,民政部增设最低生活保障司。流浪乞讨救助、最低生活保障推动着民政部门在社会救助体系建设方面发挥积极作用。

2006年10月,党的十六届六中全会召开。全会全面分析了当时面临的形势和任务,研究了构建社会主义和谐社会的若干重大问题,认为社会和谐是中国特色社会主义的本质属性,是国家富强、民族振兴、人民幸福的重要保证。全会指出社会和谐是我们党不懈奋斗的目标。党的十六大以来，我们党对社会和谐的认识不断深化，明确了构建社会主义和谐社会在中国特色社会主义事业总体布局中的地位，作出一系列决策部署，推动和谐社会建设取得新的成效。新世纪新阶段，我们党要带领全国各族人民抓住新机遇、应对新挑战，把中国特色社会主义伟大事业推向前进，必须坚持以经济建设为中心，把构建社会主义和谐社会摆在更加突出的地位。

党的十六届六中全会对构建社会主义和谐社会作出了全面部署，全会提出的"建设宏大的社会工作人才队伍"拉开了我国社会工作职业化发展的序幕。全会还明确了到2020年基本建立覆盖城乡居民的社会保障体系目标，提出完善城市低保、农村五保供养、特困户救助、受灾群众救助、城市生活无着的流浪乞讨人员救助等制度的任务，要求逐步建立农村最低生活保障制度、发展社会医疗救助、完善应急管理体制机制，发展以扶老、助残、救孤、济困为重点的社会福利和发展老龄事业、开展多种形式的老龄服务，完善优抚安置政策、加大退役军人就业指导和服务、深入开展双拥共建工作、巩固军政军民团结。在构建和谐社会背景下，社会工作人才队伍建设、加强创新社会管理、推进社会保障体系建设等部署为民政工作的持续发展提供了新的契机。

2006年11月，第十二次全国民政会议召开。这次会议的主要任务是：认真贯彻落实党的十六届六中全会精神，回顾总结"十五"工作，规划部署"十一五"工作，充分发挥民政工作在构建社会主义和谐社会中的重要基础作用。温家宝在此次会议讲话中强调，民政工作关乎千家万户，关乎亿万群众。各级民政干部都要做一个有心的人，用心了解社情民意；做一个心重的人，把群众的事情看得比泰山还重；做一个心诚的人，诚心诚意帮助群众解决困难，为群众服务。温家宝指出，民政工作直接为人民群众服务、为人民群众排忧解难,是党和国家一项非常重要的工作,是政府履行公共服务和社会管理职能的重要方面,在构建社会主义和谐社会中发挥着十分重要的作用。

回良玉在此次会议讲话中指出,民政在构建社会主义和谐社会进程中具有不可替代的基础作用,党和政府的爱民之情、亲民之意、为民之举,很大程度上是通过民政工作来体现的。民政工作必须始终突出为民解困的主题,广泛动员社会力量参与,坚持改革方向和制度创新,高度重视干部作风和能力建设,不断适应经济社会发展需要。要紧紧围绕民政工作的总体目标,着力做好8项重点工作:一是完善城乡社会救助体系,切实保障困难群众基本生活,进一步构建最低生活保障、五保供养、特困救助、临时救济、医疗救助等制度;二是健全灾害应急救援体系,不断提高灾害救助水平;三是发展社会福利事业,进一步形成以居家为基础、社区为依托、机构为补充的社会福利事业发展格局;四是支持慈善事业发展,逐步健全社会扶助体系;五是加强社区建设,夯实和谐社会建设基础;六是引导民间组织健康有序发展,增强服务社会的功能;七是提高优抚安置保障水平,增进军政军民团结;八是加强区划地名管理等工作,提高专项社会事务管理水平。在和谐社会建设背景下,这次会议对民政工作的指导思想、目标主题、核心理念、着眼点等进行了较好的梳理总结,对民政工作的发展具有积极的指导意义。

2006年11月25日,《人民日报》发表社论《固本强基构建和谐》。社论指出,新时期的民政工作,要以邓小平理论和"三个代表"重要思想为指导,以科学发展观为统领,以构建社会主义和谐社会为主题,牢固树立民政为民的核心理念,着眼于加强社会建设和管理体制创新,着眼于促进社会公平、社会稳定和社会进步,着眼于维护和发展人民群众的基本生活权益和民主政治权利,认真贯彻落实党的十六届六中全会精神和国家"十一五"规划纲要,加强制度建设、健全投入机制、完善服务设施,推进民政事业全面协调可持续发展。要基本建立覆盖城乡的社会救助和灾害应急救助体系,初步形成社会福利事业多元化发展新格局,做到城乡社区建设深入推进,民间组织发展规范有序,优抚安置保障扎实有力,社会事务管理和公共服务能力显著增强,民政事业发展水平不断适应社会主义和谐社会建设需要、适应经济社会发展需要。社论强调,各级党委和政府要从落实科学发展观和构建社会主义和谐社会的高度,充分认识民政工作的重要作用,通盘规划、周密部署,着力研究解决制约民政事业发展的瓶颈问题,为民政事业的发展创造有利的条件。有关部门要认真履行职责,通力协作,共同开创促进民政事业发展的新局面。社会各界要继续关心民政、参与民政,形成全社会支持民政事业发展的良好氛围。广大民政干部职工要继续大力弘扬"孺子牛"精神,牢固树立为民宗旨、增强为民责任、躬行为民实践,为构建社会主义和谐社会、实现全面建设小康社会目标作出新的更大的贡献。

(二)科学发展观引领下的民政工作

2007年10月,党的十七大召开。会议对改革开放经验进行了精辟概括,阐述了中国特色社会主义道路的基本内涵,首次提出中国特色社会主义理论体系的概念并做了概括。强调改革开放以来我们取得一切成绩和进步的根本原因,归结起来就是:开辟了中国特色社会主义道路,形成了中国特色社会主义理论体系。高举中国特色社会主义伟大旗帜,最根本的就是要坚持中国特色社会主义道路和中国特色社会主义理论体系。大会全面系统地阐述了科学发展观的时代背景、科学内涵、精神实质和根本要求,并基于此深刻分析国际国内形势发展变化和新世纪新阶段我国发展的一系列新阶段性特征，对实现全面建设小康社会的宏伟目标作出全面部署，在经济、政治、文化、社会、生态文明5个方面提出新要求。与党的十六大确定的到2020年奋斗目标相比较，这些新要求既与之相衔接，保持了目标的连续性，又根据新的情况和条件进行了充实，使全面建设小康社会的目标更全面、内涵更丰富、要求更具体，特别是根据经济持续快速发展的实际提出了"实现人均国内生产总值到2020年比2000年翻两番"的更高要求。新要求深刻反映了党的执政治国理念的新发展，集中体现了科学发展观的本质要求和基本精神。党的十七大把科学发展观写入党章，提出全面推进经济建设、政治建设、文化建设、社会建设，并首次把建设生态文明作为实现全面建设小康社会奋斗目标的新要求提出来，体现了我们党对共产党执政规律、社会主义建设规律、人类社会发展规律认识的深化。

21世纪以来，在构建社会主义和谐社会背景下，加强社会建设、创新社会管理越来越受到党和政府的重视，着眼于促进社会公平、社会稳定和社会进步，党中央赋予民政部门以新的工作任务，社会工作及其人才队伍建设、促进慈善事业发展等被赋予民政部门。同时，民政部机构职能也发生了一些调整。2003年12月，经中编办批准，民政部增设最低生活保障司。同时，为加强城市生活无着的流浪乞讨人员的救助管理工作，经部党组研究决定、中编办批准，在社会福利和社会事务司增设了救助站管理处。

为促进科学发展观的切实落地，2008年3月，十一届全国人大一次会议审议通过《关于国务院机构改革方案的决定》。会议认为，国务院机构改革是深化行政管理体制改革的重要组成部分，深化行政管理体制改革的总体目标是：到2020年建立起比较完善的中国特色社会主义行政管理体制。这次改革按照精简统一效能的原则和决策权、执行权、监督权既相互制约又相互协调的要求,着力优化组织结构,规范机构设置,完善运行机制,为全面建设小康社会提供组织保障。改革的主要任务是围绕转变政府职能和理顺部门职责关系,探索实行职能有机统一的大部门体制,合理配置宏观调控部门职能,加强能源环境管理机构,整合完善工业和信息化、交通运输行业管理体制,以改善民生为重点加强与整合社会管理和公共服务部门。这次改革突出加强和改善宏观调控,促进科学发展;着眼于保障和改善民生,加强社会管理和公共服务;按照探索职能有机统一的大部门体制要求,整合一些职能相近的部门,通过推动机构综合设置来理顺部门间的职责关系。在这次国务院机构改革中,涉及调整变动的机构共15个,减少正部级机构4个。经过改革,除国务院办公厅以外,国务院的组成部门共设置有27个。

在这次国务院机构改革中,民政部依然予以保留。2008年7月,国务院办公厅印发《民政部主要职责内设机构和人员编制规定》。根据此规定,民政部的一些职责发生调整,取消了提出福利彩票发行额度职责,将指导基层群众自治组织和社区组织干部的表彰职责交给地方政府,将本级社会福利资金资助项目评审工作交给社会中介组织。同时,要求其加强社会救助职责,统筹城乡社会救助体系建设。民政部被赋予了12项主要工作职责,概括起来主要集中在4方面:一是保障民生,开展减灾救灾、社会救助、社会福利和促进慈善事业等工作;二是发展民主,指导城乡基层自治组织建设,促进城乡基层民主政治建设,牵头推动村务公开、民主管理工作,推进城乡社区建设;三是服务国防,负责军人优待、抚恤、安置,烈士褒扬、革命纪念物管理和拥军优属等工作;四是服务社会,开展社会组织登记和监督管理,行政区划和地名管理，行政区域界线管理，婚姻、殡葬、儿童收养和城市生活无着流浪乞讨人员救助等工作。经过调整后，民政部的内设机构为：办公厅、政策法规司、民间组织管理局（民间组织执法监察局）、优抚安置局、救灾司（国家减灾委员会办公室、全国抗灾救灾综合协调办公室）、社会救助司、基层政权和社区建设司、区划地名司、社会福利和慈善事业促进司、社会事务司、规划财务司、国际合作司（港澳台办公室、难民安置办公室）、人事司（社会工作司）13个职能司（厅、局）和机关党委、离退休干部局。

2012年3月，第十三次全国民政会议召开。温家宝在会议讲话中肯定了民政事业在保障和改善民生、促进社会公平正义等方面所取得的突破性成就，包括建立覆盖城乡居民的社会救助制度、建立灾害救助制度、建立流浪乞讨人员救助制度、建立孤儿国家保障制度、建立新型退役士兵安置制度等。他指出，当前民政事业面临新的机遇和挑战，要求准确把握社会发展的趋势，加快民政事业改革和发展。他强调全面加强民政工作，必须坚持以人为本，构建政府管理与社会自治相结合、政府主导与社会参与相结合的社会管理和公共服务体制，最大限度地调动各方面的积极性，激发社会活力。优化政府机构设置和职能配置，整合资源，构建直接面向基层、面向社区、面向家庭和群众、职能有机统一的管理服务体制。一要发展基层民主，增强社会自治功能。健全基层民主制度，保障人民依法直接行使民主权利、管理基层公共事务和公益事业。政府的事务性管理工作、适合通过市场和社会提供的公共服务，可以适当的方式交给社会组织、中介机构、社区等基层组织承担，降低服务成本，提高服务效率和质量。二要加强城乡社区建设，提高基层社会管理服务效能。按照属地原则，建立面向社区内所有常住人口的社会管理服务体制,建立为社区居民和流动人口提供公共管理服务的综合性平台。三要加快完善社会救助和社会福利体系,完善制度,提高保障水平,解决好城乡困难群众基本生活问题。逐步拓展社会福利保障范围,推动社会福利由"补缺型"向"适度普惠型"转变。四要进一步完善政策措施,积极支持发展社会互助团体和组织,鼓励企业、团体、家庭及个人开展社会互助和慈善活动。

温家宝强调要发挥好民政在社会建设中的骨干作用,包括:一是围绕保障和改善民生,努力发挥民政的保底作用,成为保障基本民生的重要担当者;二是围绕加强和创新社会管理,努力发挥民政的基础作用,成为创新基层社会管理的积极促进者;三是围绕国防和军队建设,努力发挥民政的支持作用,成为国防和军队建设的有力支持者;四是围绕提供和强化社会服务,努力发挥民政的支撑作用,成为基本社会服务的重要提供者。各级政府要切实加强对民政工作的组织领导,充分发挥民政部门在社会建设中的骨干作用,并把民政方面的政策制定、工作部署和检查落实作为检验政府工作的重要内容。各有关部门要加强协调配合,健全协作机制,形成齐抓共管、共同做好民政工作的新格局。

二、和谐社会建设时期的民政工作成就

进入21世纪以来,我国经济的市场化改革日趋深化,对外开放日渐扩大,经济转轨推动着市场化程度日益提高,经济社会中的经济成分、组织形式、就业方式、利益关系和分配形式正在凸显多样化、复杂化的态势,社会流动加速,社会结构分化,社会矛盾相互交织,新事物、新情况、新问题层出不穷。我们党在推进社会主义和谐社会建设、全面建设小康社会的过程中,提出了立党为公、执政为民的本质要求和

以人为本、全面协调可持续的科学发展观，用来指导经济社会建设实践。

围绕党和政府中心工作，民政工作的内容日益丰富，任务日益繁重。同时，民政工作中需要研究解决的社会矛盾日益增多，解决的背景难度更为复杂，工作时效性的要求却日益增强。面对新形势、新任务，民政部门始终立足"政府履行公共服务和社会管理职能重要方面"的职责定位，在健全政府主导、部门协作、社会参与的民政工作格局的基础上，持续推动基层社会管理、优抚安置、社会福利事业发展、社会组织建设、慈善事业发展五方面工作格局的健全，不断完善社会救助、灾害应急救援、社会福利服务、社会扶助体系、地名公共服务等五大体系，更加注重保障和改善民生、促进社会公平正义，积极发挥推进社会和谐稳定的作用，使得民政事业取得新发展，也使得民政在构建社会主义和谐社会伟大进程中的重要基础作用凸显出来。在和谐社会建设过程中，民政工作的突出成就包括以下六点：

（一）建立城乡最低生活保障制度，有效保障困难群众基本生活

1999年9月，国务院发布《城市居民最低生活保障条例》，其后进一步规范了保障对象的审批、标准制定、资金来源和资金发放等工作。2002年，全国有近1400万城市贫困居民享受了最低生活保障，夯实了城市社会保障体系的基础。在城市低保制度取得突破后，民政部开始部署农村低保制度的建设工作。2007年7月，国务院印发《关于在全国建立农村最低生活保障制度的通知》，要求在全国全面建立农村最低生活保障制度。全国范围内城乡低保制度的建立，实现了城乡居民最低生活保障制度的全覆盖。同时，农村五保供养改革、城乡医疗救助在探索中逐步完善，五保供养机构、医疗救助制度建设取得积极进展，从而有

效保障了城乡困难群众的基本生活。

(二) 推动自然灾害救助体系建设,完善灾害救助救济工作

在自然灾害救助方面,及时启动灾害应急响应机制、转移安置受灾群众,妥善安排受灾群众临时生活、灾后倒房恢复重建和冬春生活救济等工作,切实保障了受灾群众的基本生活。全国人大常委会审议通过《中华人民共和国突发事件应对法》,国务院制定《自然灾害救助条例》、修订《国家自然灾害救助应急预案》,各级政府都建立了抗灾救灾的组织领导体系和综合协调机构。救灾工作的部门联动和社会参与机制不断健全,以灾害应急响应、受灾群众生活救助、灾后恢复重建、备灾减灾等为主要内容的灾害应急救援体系基本形成。同时,还加强了重点地区救灾物资储备设施的建设和防灾救灾信息化建设,为救灾工作奠定了良好基础。

(三) 探索推动社会福利由"补缺型"向"适度普惠型"转变

为推动我国社会福利事业发展,2000年后国家加快了社会福利社会化的进程,促进社会福利社会化有序发展。在切实保障孤老孤儿等基本生活的基础上,适度扩大社会福利惠及范围,不断提升受益程度。完善老年人福利政策。在全国范围内扎实推进高龄津贴制度和养老服务补贴制度建设,截至2011年年底,高龄老人津(补)贴制度已在15个省份全面建立,养老服务补贴制度在14个省份建立。各类养老机构发展到4万多个,养老机构床位增长到353万多张,以居家为基础、社区为依托、机构为补充的社会养老服务体系初步建立。建立国家孤儿保障制度。对孤儿的基本生活、医疗康复、教育保障、成年后就业扶持和住房等方面的保障作了制度安排。认真推动儿童福利机构建设规划及其落地,基本实现地级以上城市拥有儿童福利机构目标,每年能够为10万名左右的孤

儿提供专业的养育、康复和特教等服务。协同保障残疾人权益。推动建立残疾人补贴制度，切实保障残疾人基本生活。积极调整福利企业优惠政策，拓宽残疾人就业渠道。把民政部门管理的精神病院纳入了全国精神卫生防治规划，建设和改造民政精神卫生专业机构，"三无""五保"和其他生活困难群众（含精神病人）得到良好的养护、康复、托管服务。建立流浪未成年人救助保护制度，实现全国90%以上的地级以上城市和重点县市拥有流浪未成年人救助保护设施。推动救助保护工作由被动救助向主动救助、由批评教育向教育矫治、由简单送返向权益维护转变。

（四）推进退役安置制度转型改革，完善抚恤补助优待制度

适应计划经济体制向市场经济体制转轨，积极推动新型退役士兵安置制度的建构。全国人大常委会修订兵役法，国务院、中央军委颁布施行《退役士兵安置条例》、下发《关于加强退役士兵职业教育和技能培训工作的通知》，建立士兵退役金制度，推进退役士兵免费职业教育培训，建立了城乡一体、发放退役金、以扶持就业为主和自主就业、安排工作、退休、供养、复学等多种方式相结合的新型退役士兵安置制度。完善抚恤补助优待政策，国务院、中央军委修订《军人抚恤优待条例》，建立抚恤补助经费自然增长机制，连续多年较大幅度地提高了抚恤补助标准。不断扩大优抚对象保障范围，实现农村和城镇无工作退役军人抚恤优待的全覆盖。国务院还出台《烈士褒扬条例》，建立烈士褒扬金制度，大幅度提高烈士抚恤标准。

（五）推进社区建设，提高基层社会管理和服务水平

2000年，中共中央办公厅、国务院办公厅转发《民政部关于在全国推进城市社区建设的意见》，明确了社区建设的指导思想、基本原则、主要内容和目标任务，全面启动了城市社区建设工作。各级民政部

门以加强村（居）民自治为着力点，以加快社区建设为载体，不断完善城乡基层服务和管理网络，全面推进基层民主政治建设。全国人大常委会修订《中华人民共和国村民委员会组织法》，进一步健全了村委会选举、村民会议、村民代表会议、村务公开、村务监督等制度。各地普遍进行了两轮村（居）委会换届选举，村委会普遍实行直接选举，居委会直接选举比例逐年提高到30%以上，城乡居民获得更多更切实的民主权利。城乡基层自治组织不断健全，截至2011年年底，全国共有村委会59万个、城市社区居委会8.9万个，在管理基层公共事务、服务基层群众生活、维护基层群众合法权益等方面发挥着重要作用。大力推进城乡社区建设，指导城市街道社区开展创先争优活动，深入开展城市和谐社区建设示范创建活动，涌现一大批管理有序、服务完善、文明祥和的新型社区。农村社区建设工作全面启动，积极引导和组织卫生、科技、教育、劳动、文化、法律等服务进社区，推动建立社区志愿者注册制度。截至2011年年底，全国共建成社区服务中心14391个、社区服务站56156个、其他社区服务设施89805个。提升社会组织服务社会功能，各级民政部门坚持培育发展与监督管理并重，积极完善社会组织扶持发展政策，分类规范和引导社会组织发展，初步形成了门类齐全、层次不同、覆盖广泛的社会组织体系。

（六）推进养老服务社会化，促进老龄事业发展

主动应对人口老龄化，以基本养老为重点，加强老龄工作。在对无依无靠的孤寡老人，强化政府保障责任的同时，以积极应对人口老龄化为着力点，以服务需求为导向，以"民办公助""公建民营"等方面优惠政策为牵引，积极引导和鼓励社会力量兴办老年福利服务设施，有效推动了养老服务社会化，以居家为主体、社区为依托、机构为补充的养

老福利服务体系建设迈出了重要一步。根据我国人口老龄化的形势，制定了《中国老龄事业发展"十五"计划纲要（2001—2005年）》，初步形成了以居家养老为基础，社区为依托，全社会关心老年人、支持老龄工作的新局面。

第四章

中国特色社会主义新时代的民政工作调整（2012 年至今）

党的十八大强调在改善民生和创新管理中加强社会建设、解决好人民最关心最直接最现实的利益问题。党的十九大作出了中国特色社会主义进入新时代、我国主要社会矛盾转变等论断。党的十八大以来，以习近平同志为核心的党中央科学把握当今世界和当代中国发展大势，顺应实践要求和人民愿望，统筹推进"五位一体"总体布局、协调推进"四个全面"战略布局，解决了许多长期想解决而没有解决的难题，办成了许多过去想办而没有办成的大事，推动党和国家事业发生历史性变革。这给民政工作发展带来了新的挑战和机遇，也推动着民政工作的变革发展。2018 年年底出台的民政部"三定"方案，推动着民政工作"三个聚焦、三个基本"的职能定位，民政部门职责及职能机构更加聚焦于脱贫兜底保障、基本民生保障、基层社会治理与基本社会服务。民政部门深入贯彻习近平新时代中国特色社会主义思想，大力推进民政事业改革创新，着力加强基层基础工作，推动着各项民政业务的创新发展。

第一节　党的十八大时期的民政工作
（2012—2017年）

党的十八大提出在改善民生和创新管理中加强社会建设。党的十八届三中全会提出，推进社会事业改革创新，创新社会治理体制。在党的十八大精神指引下，民政部门围绕党和国家中心工作，主动履行社会治理和公共服务职能，积极推动民政事业改革，在服务大局中推进民政事业创新发展。

一、党的十八大时期的民政机构与民政工作

2012年11月，党的十八大召开。大会高举中国特色社会主义伟大旗帜，回顾和总结了过去5年的工作和党的十六大以来的奋斗历程及所取得的历史性成就，提出科学发展观是中国特色社会主义体系最新成果，确立了科学发展观的历史地位。大会提出建设中国特色社会主义，总依据是社会主义初级阶段，总布局是经济建设、政治建设、文化建设、社会建设和生态文明建设"五位一体"，总任务是实现社会主义现代化和中华民族伟大复兴；全面建成小康社会，加快推进社会主义现代化，实现中华民族伟大复兴，必须坚定不移走中国特色社会主义道路。大会确定了全面建成小康社会和全面深化改革开放的目标，包括经济持续健康发展、人民民主不断扩大、文化软实力显著增强、人民生活水平全面提高、资源节约型、环境友好型社会建设取得重大进展，对推进"五位一体"的中国特色社会主义事业作出了全面部署，要求加快完善

社会主义市场经济体制和加快转变经济发展方式,坚持走中国特色社会主义政治发展道路和推进政治体制改革,扎实推进社会主义文化强国建设,在改善民生和创新管理中加强社会建设,大力推进生态文明建设等,并对加快推进国防和军队现代化、丰富"一国两制"实践和推进祖国统一、继续促进人类和平与发展的崇高事业、全面提高党的建设科学化水平等方面提出了明确要求。报告描绘了全面建成小康社会、加快推进社会主义现代化的宏伟蓝图,为党和国家事业进一步发展指明了方向。党的十八大对中国特色社会主义事业所进行的全面部署,尤其是在改善民生和创新管理中加强社会建设的部署,为民政事业发展提供了难得的契机,也为民政工作的持续发展提供了指引与方向。

为贯彻执行党的十八大关于全面建成小康社会、建立中国特色社会主义行政体制目标的要求,继续转变政府职能,推动简政放权、稳步推进大部门制改革,新一轮国务院机构改革开始酝酿。2013年2月,党的十八届二中全会审议通过了在广泛征求意见基础上提出的《国务院机构改革和职能转变方案》。2013年3月,十二届全国人大一次会议审议通过《关于国务院机构改革和职能转变方案》。方案提出,根据党的十八大和十八届二中全会精神,深化国务院机构改革和职能转变,要高举中国特色社会主义伟大旗帜,以邓小平理论、"三个代表"重要思想、科学发展观为指导,按照建立中国特色社会主义行政体制目标的要求,以职能转变为核心,继续简政放权、推进机构改革、完善制度机制、提高行政效能,加快完善社会主义市场经济体制,为全面建成小康社会提供制度保障。方案强调,这次国务院机构改革,重点围绕转变职能和理顺职责关系,稳步推进大部门制改革,实行铁路政企分开,整合加强卫生和计划生育、食品药品、新闻出版和广播电影电视、海洋、能源管理机构。在改革中，实行铁路政企分开，交通运输部承担铁路发展规划和政策行政职责外，组建国家铁路局和中国铁路总公司；组建国家卫生和计划生育委员会、国家食品药品监督管理总局、国家新闻出版广播电影电视总局，重新组建国家海洋局、国家能源局，撤销铁道部、卫生部、国家人口和计划生育委员会、国家食品药品监督管理局、国家广播电影电视总局、国家新闻出版总署、国家电力监管委员会等机构。经过这次改革，国务院的正部级机构减少了4个，组成部门减少了2个。改革后，除国务院办公厅外，国务院组成部门为25个。

在这次国务院机构改革中，民政部依然得以保留。民政部在职能调整中提出，改革社会组织管理体制，推进行业协会商会与行政机关脱钩；重点培育行业协会商会类、科技类、公益慈善类、城乡社区服务类社会组织；积极引导发展与严格依法管理相结合，推动社会组织完善内部治理结构等。这推动着民政部门社会组织管理职能的强化，而社会组织依法、规范运行也激发了社会整体的活力。

2013年11月，党的十八届三中全会召开。全会审议通过《中共中央关于全面深化改革若干重大问题的决定》，提出全面深化改革的总目标是完善和发展中国特色社会主义制度，推进国家治理体系和治理能力现代化；必须更加注重改革的系统性、整体性、协同性，加快发展社会主义市场经济、民主政治、先进文化、和谐社会、生态文明，让一切劳动、知识、技术、管理、资本的活力竞相迸发，让一切创造社会财富的源泉充分涌流，让发展成果更多更公平惠及全体人民。全会指出，全面深化改革必须立足于我国长期处于社会主义初级阶段这个最大实际，坚持发展仍是解决我国所有问题的关键这个重大战略判断，以经济建设为中心，发挥经济体制改革牵引作用，推动生产关系同生产力、上层建筑同经济基础相适应，推动经济社会持续健康发展。全会指出，经济体制改革是全面深化改革的重点，核心问题是处理好政府和市场的关系，使市场在资源配置中起决定性作用和更好发挥政府作用。全会对全面深化改革作出系统部署，强调坚持和完善基本经济制度，加快完善现代市场体系，加快转变政府职能，深化财税体制改革，健全城乡发展一体化体制机制，构建开放型经济新体制，加强社会主义民主政治制度建设，推进法治中国建设，强化权力运行制约和监督体系，推进文化体制机制创新，推进社会事业改革创新，创新社会治理体制，加快生态文明制度建设，深化国防和军队改革，加强和改善党对全面深化改革的领导。党的十八届三中全会推动了中国特色社会主义的体制创新与制度变革，在一些基本制度和理论问题上取得了新的突破，丰富和完善了社会主义理论，对社会主义建设实践发挥着引领作用。

2014年10月，党的十八届四中全会通过了《中共中央关于全面推进依法治国若干重大问题的决定》。该决定对社会组织改革发展和作用发挥作出新部署、提出新要求，强调社会组织必须以宪法作为根本活动准则，明确提出积极发挥社会组织在立法协商、普法和守法、推进法治社会建设等方面的作用，并首次明确提出了"加强社会组织立法"，对加强社会组织法治化建设，更好发挥社会组织作用具有里程碑意义。

作为履行社会治理和公共服务的职能部门，民政部门自觉将深化民政领域改革融入党和国家事业发展大局，在服务大局中推进民政事业创新发展。基于其职责职能定位，民政工作将其主要工作集中在社会救助、社会福利和慈善事业、减灾救灾、基层政权与社区建设、优抚安置、社会组织管理、区划地名管理、社会工作、专项社会事务管理等方面。民政部提出了"民政为民、民政爱民"的工作理念，并将基层视为践行"民政为民、民政爱民"工作理念的最好平台，不断强调和加强基层民政工作。这为民政系统弘扬优良传统、履行为民职责、凝聚精神力量注入了强大动力。

各级民政部门逐步形成"民政为民、民政爱民"的工作理念，围绕党和政府中心工作认真贯彻落实中央决策部署，深入推进民政工作改革创新，切实加强基础工作和基层工作。保障和改善基本民生，发挥民生兜底保障作用，到2017年底全国所有县（市、区）农村低保标准达到或超过国家扶贫标准。同时，完善医疗救助制度，推动提高社会救助相关标准，提升临时救助及医疗救助规模，全面实施残疾人两项补贴制度，完成农村留守儿童摸底排查并加强监护，保障各类困难群体的基本生活。扎实推动养老服务业发展，推进医疗卫生与养老服务相结合，启动居家和社区养老服务改革试点，社区养老机构和设施出现较大幅度增长。稳步推进社区建设，加强城乡社区协商及"三社联动"，促进基层群众自治，提升乡镇政府服务能力。全面落实退役士兵安置改革政策，做好烈士纪念设施管理，继续提高优抚安置对象抚恤补助标准，支持国防和军队建设。有序应对地震、洪涝等自然灾害，完善救灾预警响应机制，有效救助受灾群众，推动救灾储备库建设，提高防灾减灾能力。积极实施社会组织管理制度改革部署，推动行业协会商会、公益慈善等社会组织直接登记，做好社会组织管理与运行监督，推进社会工作人才队伍建设，大力支持慈善事业发展等。各级民政部门牢牢把握新形势下的职责使命，围绕党和国家中心、服务经济社会发展大局，扎实地把党中央、国务院决策部署落到实处，努力推进民政事业改革发展，在全面建成小康社会进程中发挥积极作用。

二、党的十八大时期的民政工作成就

党的十八大以来,民政部门注重以改革为引领、以法制化为保障、以规划为牵引推动民政工作进展。持续推进各项民政事业的改革发展,推动退役士兵安置制度改革,实现了退役士兵安置工作由城乡有别到城乡一体、由计划安置到扶持就业的历史性变革。推进社会组织管理制度改革,探索行业协会商会等四类社会组织直接登记,启动行业协会商会与行政机关脱钩,促进社会组织政社分开、依法自治。推进养老服务业综合改革和公办养老机构改革,加快了养老服务业发展。开展"救急难"综合试点、适度普惠型儿童福利制度建设试点、未成年人社会保护试点、全国社区治理和服务创新实验、社工专业人才队伍建设试点、志愿服务记录制度试点等,推进了部省合作和民政改革创新观察点建设,为民政事业改革发展拓展了路径,提供了示范。深化行政审批制度改革。在2016年就取消了4项部本级审批事项和1项中央设定地方实施的审批事项,调整烈士评定为政府内部审批事项,实施假肢矫形器(辅助器具)生产装配企业资格认定改革,取消假肢和矫形器制作师准入类职业资格限制,完善了事中事后监管,持续推进"放管服"改革,释放市场和社会发展的活力。

在民政法治建设上,配合修订有关老年人权益保障、社会救助、退役士兵安置、军人抚恤优待、烈士褒扬、社会团体登记、慈善、志愿服务等涉及民政业务的法律法规,强化了养老服务业发展的法制支撑,确立了"8+1"社会救助制度体系,推动了退役士兵依法安置、军人抚恤优待以及烈士褒扬,推动了社会团体的登记管理的优化,促进了慈善事业和志愿服务的发展。通过立章建制,推动了部门规章、部门规范性文件的出台，推动了社工专业人才队伍建设，健全了流浪未成年人救助保护制度，建立了未成年人行政保护与司法保护协作机制，规范了弃婴收留抚养工作，拓展了孤儿保障范围，推动着惠民殡葬政策对低收入人群的基本覆盖。

在民政发展规划引领方面，民政部门编制实施了民政事业发展"十二五"规划和养老服务、社区服务、综合防灾减灾等国家级专项规划，以及社会工作专业人才队伍建设中长期规划、儿童福利设施建设规划、福利彩票规划和慈善事业发展指导纲要，积极参与国家基本公共服务规划及相关规划的编制实施工作。各地民政部门结合当地实际编制实施了多方面的综合性规划和各类专项规划。通过规划的落地实施，民政工作保障条件明显加强，民政事业加快发展，民生福祉显著提升。社会救助、优抚安置、救灾等民政事业的经费大幅增长，"十二五"期末的经费投入与"十一五"期末相比增长了1倍多，"十二五"时期，中央预算内投入各类规划的经费比"十一五"时期增加了3倍多。全国养老床位数、民政精神卫生福利机构床位数以及城市社区综合服务设施覆盖率也出现大幅度增长，社会工作专业人才服务"三区"计划，"大爱之行"社工服务项目，社会工作服务标准化建设示范工程，志愿服务示范项目，"残疾孤儿手术康复明天计划"项目等深入实施，从而对推动民政管理服务能力的持续提升发挥了积极作用。

党的十八大以来，民政工作持续服务党和国家工作大局，更多更好地惠及了人民群众，促进了社会的和谐稳定。尤其是在保障和改善民生，加快发展养老服务业，推进基层社会治理创新，加强社会组织管理，支持国防和军队改革，推进慈善事业发展等方面成绩突出。

第四章 中国特色社会主义新时代的民政工作调整（2012年至今）

（一）做好困难群体的基本民生保障，发挥社会救助兜底作用

保障困难群众基本生活，是社会公平的重要标志，是防止冲破心理底线和道德底线的基本要求，也是补齐民生短板、促进社会和谐的内在需要。2014年5月，国务院颁布的《社会救助暂行办法》正式实施。该办法确立了一个包括8项制度在内的完整清晰的社会救助网络，并明确了民政部门统筹全国社会救助体系建设的职责，为保障群众基本生活、解决急难问题构建起完整、严密的安全网，实现了社会救助法制建设和构建社会救助体系的重大突破。10月，国务院印发《关于全面建立临时救助制度的通知》，进一步发挥社会救助托底线、救急难的作用，解决城乡群众突发性、紧迫性、临时性生活困难。民政部门推动制定农村低保申请家庭经济状况核查办法，并在落实中不断推进居民家庭经济状况核对机制建设，更加公平有效地保障困难群众基本生活；健全合理兼顾城乡居民的低保待遇的确定和正常调整机制，完善低保标准与物价上涨挂钩的联动机制。2015年2月，国务院办公厅转发民政部等部门《关于进一步完善医疗救助制度全面开展重特大疾病医疗救助工作意见》，提出合并城市和农村医疗救助制度，全面开展重特大疾病医疗救助工作，与相关社会救助、医疗保障政策相配套，保障城乡居民基本医疗权益。2016年6月，国家卫生计生委、民政部等部委联合发布《关于实施健康扶贫工程的指导意见》，推动落实全面开展重特大疾病医疗救助，将医疗救助对象从过去的低保对象和特困供养人员拓展到了其他低收入群体中的老年人、重病患者、未成年人和残疾人等，并推动加强制度衔接，提高制度可及性和精准性，形成托底保障的合力，以保障农村贫困人口享有基本医疗卫生服务，防止因病致贫、因病返贫问题的发生。

（二）应对人口老龄化，推动养老服务业发展

我国老年人口多、老龄化增速快，失能半失能人口多，需要及早应对、未雨绸缪。2013年7月，修订后的《中华人民共和国老年人权益保障法》正式实施。该法从老年人晚年生活所面临的风险和难题入手，提出在人口老龄化形势下全方位解决老年人问题的方案和对策。为解决养老服务业发展中的突出矛盾和问题，使养老服务业成为保障和改善民生的重要举措，9月，国务院印发《关于加快发展养老服务业的若干意见》，提出到2020年全面建成以居家为基础、社区为依托、机构为支撑，功能完善、规模适度、覆盖城乡的养老服务体系。2014年8月，国家发改委、财政部、民政部等联合发布《关于做好政府购买养老服务工作的通知》，提出重点选取生活照料、康复护理和养老服务人员培养等方面开展政府购买服务工作，以解决失能及贫困老人等困难群体的养老服务需求。2017年2月，发改委、民政部、公安部等部门印发《关于加快推进养老服务业放管服改革的通知》，进一步调动社会力量参与养老服务业发展的积极性，降低创业准入的制度性成本，营造公平规范的发展环境。民政部门统筹推进城乡养老服务业，推动城乡养老服务设施提升，提高社区老年人日间照料服务水平，支持多元主体兴办生活照料、医疗护理、精神慰藉等老年服务项目，支持社区引入社会组织和家政、物业等企业兴办或运营老年供餐、社区日间照料、老年活动中心等服务。

（三）强化基层社区管理，提高乡镇政府服务能力

城乡社区是联系服务群众的"最后一公里"，社区在推动居（村）民自治、增进居民福祉、协助政府治理、维护社会和谐等方面具有积极作用。民政部门积极推广南京、厦门等地的"社区减负"做法，全面

清理和精简面向社区的组织机构、工作任务、评比表彰、工作台账等，建立统一规范的社区工作标准体系和评估制度。建立社区公共服务准入制度，指导社区自治组织依法协助办理服务事项，以政府购买方式实行"费随事转"，推广政社互动、"三社联动"，促进社区自治和服务功能不断增强。2016年10月，中共中央办公厅、国务院办公厅印发《关于以村民小组或自然村为基本单元的村民自治试点方案》，推动各地立足本地实际，加强农村基层组织建设，完善村党组织领导下的村民自治有效实现形式，以村民小组或自然村为基本单元进行村民自治试点。12月，发改委、民政部等部门联合印发的《城乡社区服务体系建设规划（2016—2020年）》，确立建设规划的指导思想、基本原则和发展目标，提出了"十三五"期间我国城乡社区服务体系建设的6项重点任务，推进城乡社区服务体系的进一步完善。2017年2月，中共中央办公厅、国务院办公厅印发《关于加强乡镇政府服务能力建设的意见》，总结了近年各地推进乡镇改革发展的实践经验，明确了到2020年乡镇政府服务能力建设的总体目标，对乡镇政府服务能力建设作出全面部署，包括强化乡镇政府服务功能、优化乡镇基本公共服务资源配置、创新乡镇公共服务供给方式、发挥乡镇党委的领导核心作用、加强乡镇干部队伍建设等。

（四）推进社会组织管理改革，启动行业协会商会与行政机关脱钩试点

积极贯彻《国务院机构改革和职能转变方案》中关于社会组织管理制度改革的部署，推动社会组织管理制度修订。贯彻落实修订后的《社会团体登记管理条例》，推进社会组织管理分类改革，优先发展行业协会商会类、科技类、公益慈善类、城乡社区服务类社会组织，并推

动这4类组织直接登记。2016年8月，中共中央办公厅、国务院办公厅印发《关于改革社会组织管理制度促进社会组织健康有序发展的意见》，明确提出改革社会组织管理制度、推进社会组织明确权责、依法自治发挥作用，激发社会组织活力，促进社会组织健康有序发展。强化社会组织登记、备案、年检等日常监管，健全第三方评估，依法查处社会组织违法行为。开展在华境外非政府组织代表机构登记，引导其依法开展活动，探索离岸社团、网络社团的监管。2015年7月，中共中央办公厅、国务院办公厅印发《行业协会商会与行政机关脱钩总体方案》，对行业协会商会与行政机关脱钩进行部署，民政部启动全国行业协会商会与行政机关脱钩的试点工作，推动行业协会商会去行政化，厘清行业协会商会与行政机关的职能边界，确保新老体制稳妥过渡。

（五）深化退役士兵安置改革，推进优抚及烈士褒扬工作

建立健全与市场经济及现代国防事业相适应的新型退役士兵安置制度，是落实新时期强军战略的重要保证。2013年7月，国务院办公厅转发民政部、总参谋部等出台的《关于深入贯彻〈退役士兵安置条例〉扎实做好退役士兵安置工作的意见》，推动以扶持就业为主，自主就业、安排工作、退休、供养等多种方式相结合的退役士兵安置制度的落地。民政部门继续推动完善改革配套政策，开展对部分兵员大省、重点行业退役士兵安置政策落实情况的督查，促进退役士兵就业创业。继续落实退役士兵教育资助和职业培训补贴政策，民政部与国资委出台《关于进一步做好国有企业接收安置符合政府安排工作条件退役士兵工作的意见》，民政部会同总参谋部制定《符合政府安排工作条件退役士兵服役表现量化评分办法（试行）》，完善了退役士兵安置政策。围绕纪念抗战胜利70周年，组织抗战老战士、英烈子女代表参加纪念活动，

走访慰问境内外部分抗战老战士、老烈属,给5万多名抗战老战士、老同志发放一次性生活补助,突出了崇尚、捍卫、学习、关爱英雄的主旋律和伟大的民族精神、抗战精神。举行在韩志愿军烈士遗骸迎接安葬仪式,与朝方共同举办开城、安州志愿军烈士陵园修缮工程,推动在俄罗斯、老挝、缅甸烈士纪念设施修建,协助开展国家公祭烈士活动。继续提高优抚安置对象抚恤补助标准,出台军休干部医疗保障等政策,加强了优抚安置事业单位能力建设。

(六)推动慈善事业法制化,为慈善、志愿服务发展奠基

2014年12月,国务院印发《关于促进慈善事业健康发展的指导意见》,提出鼓励和支持社会各界开展形式多样的社会捐赠和志愿服务,以扶贫济困为重点开展慈善活动。该意见肯定了慈善组织的重要地位,提出坚持培育和规范并重,明确了慈善组织的管理运作的一系列要求,并强调加强对慈善组织和慈善活动的监督管理。民政部门大力落实指导意见精神,深化慈善理论和发展规律研究,推动完善慈善捐助减免税制度,简化减免税的办理程序,推进政府支持政策措施的健全。2016年9月,《中华人民共和国慈善法》正式施行。这为慈善组织的发展和发挥作用开拓了更加广阔的空间,进一步激发了公众的慈善热情,用法治保证慈善精神落地生根、慈善事业枝繁叶茂。2017年12月,《志愿服务条例》正式实施。该条例对志愿服务组织的法律地位、规范管理和活动开展等进行系统规定,对规范推进我国志愿服务事业发展具有里程碑意义。

第二节　党的十九大以来民政工作的发展
（2017年至今）

党的十九大提出中国特色社会主义进入了新时代、我国社会主要矛盾发生变更。党的十九届三中全会对深化党和国家机构改革进行了总体设计。在国务院机构改革中，民政工作的职责定位进一步聚焦脱贫攻坚，聚焦特殊群体，聚焦群众关切；履行基本民生保障、基层社会治理、基本社会服务等职责，这为民政工作在职责机构改革新起点上继续创新发展指明了前进的方向。

一、党的十九大以来的民政机构与民政工作

2017年10月，党的十九大召开。这次大会将习近平新时代中国特色社会主义思想写入党章，将其确立为党必须长期坚持的指导思想，实现了党的指导思想的与时俱进。大会分析了国际国内形势的发展变化，回顾和总结十八大以来党和国家事业的历史性变革和历史性成就，作出了中国特色社会主义进入了新时代、我国社会主要矛盾已经转化为人民日益增长的美好生活需要和不平衡不充分的发展之间的矛盾等重大论断，深刻阐述了新时代中国共产党的历史使命，提出了新时代坚持和发展中国特色社会主义的基本方略，确定了决胜全面建成小康社会、开启全面建设社会主义现代化国家新征程的目标，对新时代推进中国特色社会主义伟大事业和党的建设新的伟大工程作出了全面部署。

党的十九大高度重视民生，提出提高保障和改善民生水平，加强和

创新社会治理,并强调坚持人人尽责、人人享有,坚守底线、突出重点、完善制度、引导预期,完善公共服务体系,保障群众基本生活,不断满足人民日益增长的美好生活需要,不断促进社会公平正义,形成有效的社会治理、良好的社会秩序,使人民获得感、幸福感、安全感更加充实、更有保障、更可持续。党中央对民生保障工作的高度重视为民政工作的发展注入了强大动力,为做好新时代各项民政工作指明了努力的方向。

围绕完善和发展中国特色社会主义制度、推进国家治理体系和治理能力现代化这个全面深化改革的总目标,2018年2月召开的党的十九届三中全会站在新起点谋划和推进改革,对深化党和国家机构改革作出全面规划和系统部署。全会对深化党和国家机构改革方案进行了讨论,提出完善坚持党的全面领导,统筹党政军群机构改革,优化政府机构设置和职能配置,推动构建系统完备、科学规范、运行高效的党和国家机构职能体系。会议审议通过了《中共中央关于深化党和国家机构改革的决定》和《深化党和国家机构改革方案》,同意把《深化党和国家机构改革方案》的部分内容按照法定程序提交十三届全国人大一次会议审议。2018年3月,十三届全国人大一次会议通过《国务院机构改革方案》,提出深化国务院机构改革,要着眼于转变政府职能,坚决破除制约使市场在资源配置中起决定性作用、更好发挥政府作用的体制机制弊端,围绕推动高质量发展,建设现代化经济体系,加强和完善政府经济调节、市场监管、社会管理、公共服务、生态环境保护职能,结合新的时代条件和实践要求,着力推进重点领域和关键环节的机构职能优化和调整,构建起职责明确、依法行政的政府治理体系,提高政府执行力,建设人民满意的服务型政府。这次国务院机构改革,对国务院组成部门进行了较大规模的调整改组，新组建优化了 10 多个国家部委。经过机构改革，除国务院办公厅外，国务院设置组成部门 26 个。同时，还对国务院组成部门以外的国务院所属机构进行调整改革。

在这次国务院机构改革中，民政部依然得以保留，其职能机构经历了较大的改革调整。其中，民政部救灾职责转隶新组建的应急管理部，优抚安置职责转隶新组建的退役军人事务部，医疗救助管理职责转隶新组建的国家医疗保障局；全国老龄工作委员会日常工作由国家卫生健康委员会承担，民政部代管的中国老龄协会改由国家卫生健康委员会代管。2018 年 12 月，《民政部职能配置、内设机构和人员编制规定》（简称民政部"三定方案"）公布。该方案规定，民政部是国务院组成部门，为正部级。民政部贯彻落实党中央关于民政工作的方针政策和决策部署，在履行职责过程中坚持和加强党对民政工作的集中统一领导。该方案在职能转变方面强调，民政部应强化基本民生保障职能，为困难群众、孤老、孤残、孤儿等特殊群体提供基本社会服务，促进资源向薄弱地区、领域、环节倾斜。积极培育社会组织、社会工作者等多元参与主体，推动搭建基层社会治理和社区公共服务平台。这次机构改革进一步推动民政业务主责聚焦最底线的民生保障、最基本的社会服务、最基础的社会治理和专项行政管理职责。在民政部职能机构调整上，设立养老服务司、儿童福利司、慈善事业促进和社会工作司，将原社区建设职能修订为指导城乡社区治理体系和能力建设，同时，按照优化协同高效的原则，对国际合作、部本级彩票公益金管理、民政行业标准化、残疾人权益保护、党委人事等职能予以适当调整。调整后的内设机构为：办公厅（国际合作司）、政策法规司、规划财务司、社会组织管理局（社会组织执法监督局）、社会救助司、基层政权建设和社区治理司、区划地名司、社会事务司、养老服务司、儿童福利司、慈善事业促进和社会工作司 11 个职能司（厅、局）和机关党委（人事司）、离退休干部局。本次机构改革后，民政部门的主责更加聚焦、职能更加明确、内部设置更加优化，为在新起点上推进民政事业深化改革、创新发展指明了方向。

2019 年 4 月，第十四次全国民政会议召开。会议传达了习近平总书记对民政工作的重要指示。习近平总书记指出，民政工作关系民生、连着民心，是社会建设的兜底性、基础性工作。各级党委和政府要坚持以人民为中心，加强对民政工作的领导，增强基层民政服务能力，推动民政事业持续健康发展。各级民政部门要加强党的建设，坚持改革创新，聚焦脱贫攻坚，聚焦特殊群体，聚焦群众关切，更好履行基本民生保障、基层社会治理、基本社会服务等职责，为全面建成小康社会、全面建设社会主义现代化国家作出新的贡献。

李克强对近年来民政工作取得的成绩给予充分肯定。他在会议讲话中指出，民政工作直接面对人民群众，是社会治理和社会服务的重要组成部分，是扶危济困的德政善举。当前，我国正处在全面建成小康社会的决胜阶段，人民追求美好生活的愿望十分强烈，民政工作的任务艰巨繁重。要坚持以习近平新时代中国特色社会主义思想为指导，贯彻落实党中央、国务院决策部署，着力保基本兜底线，织密扎牢民生保障"安全网"。服务打赢脱贫攻坚战，做好低保和特困人员包括生活困难的老年人、重度残疾人、重病患者、困境儿童等的基本生活保障工作。着力发展基本社会服务，解决好群众关切的"为难事"。深化"放管服"改革，让群众办事更便捷，更大发挥社会力量作用，积极发展贴近需求的社区养老托幼等服务，丰富生活服务供给，带动扩大就业和有效内需。要大力发展社会工作和慈善事业，弘扬志愿服务精神，人人参与、人人尽力，使社会大家庭更加温馨和谐。各级政府要贯彻以人民为中心的发展思想，关心民政、支持民政，多做雪中送炭、增进民生福祉的事，促进经济持续健康发展和社会和谐稳定。

2019年4月3日，《人民日报》刊发评论员文章《民政工作关系民生连着民心》，强调：" 民政工作关系民生、连着民心，是社会建设的兜底性、基础性工作。"① 文章指出，当前，我国正处在全面建成小康社会的决胜阶段，人民追求美好生活的愿望十分强烈，民政工作的任务艰巨繁重。推动民政事业持续健康发展，就要认真贯彻落实习近平总书记的重要指示精神，把这次全国民政会议部署的工作任务落到实处。

这次会议立足党和国家发展大局对民政事业、民政工作进行部署，明确了当前和今后一个时期民政工作的职责定位、基本原则、重点任务、措施要求等关系民政事业长远发展的诸多根本性问题，为新时代民政事业发展提供了根本遵循，擘画了民政事业发展新蓝图，为科学谋划部署新时代民政工作提供了有力指引。尤其是习近平总书记的重要指示科学回答了新时代如何定位民政工作、如何做好民政工作这一根本问题，为新时代民政事业发展指引着前进的方向。

2019年10月，党的十九届四中全会召开，审议通过了《中共中央关于坚持和完善中国特色社会主义制度、推进国家治理体系和治理能力现代化若干重大问题的决定》。全会提出，中国特色社会主义制度是党和人民在长期实践探索中形成的科学制度体系，我国国家制度和国家治理体系具有多方面的显著优势。全会确定了坚持和完善中国特色社会主

---

① 《人民日报》评论员. 民政工作关系民生连着民心 [N]. 人民日报，2019-09-03（01）.

义制度、推进国家治理体系和治理能力现代化的总体目标。提出坚持和完善统筹城乡的民生保障制度，满足人民日益增长的美好生活需要；坚持和完善共建共治共享的社会治理制度，保持社会稳定、维护国家安全。这其中所强调的在民生保障和社会治理制度建设方面的创新，如注重加强普惠性、基础性、兜底性民生建设，完善覆盖全民的社会保障体系，建设人人有责、人人尽责、人人享有的社会治理共同体，构建基层社会治理新格局等，都直接涉及民政管理服务业务，对新时代加强民政工作提出了新的更高要求，也推动着民政工作的发展。

二、党的十九大以来的民政工作成就

党的十九大以来，是我国民政事业和民政工作转型发展的重要时期。伴随着我国社会主要矛盾的变化，面对人民群众的美好生活需求，民政部门紧紧围绕党和国家大局开展工作，越来越成为党和国家整体事业发展布局中的重要组成部分。以习近平新时代中国特色社会主义思想为指导，牢固树立和践行"民政为民、民政爱民"工作理念，民政工作在习近平总书记有关民生民政工作思想的指引下不断深化改革创新，聚焦脱贫攻坚，筑牢攻坚兜底保障；聚焦特殊困难群体，加强和改善基本民生保障工作；围绕构建共建共治共享新格局，加强和创新基层社会治理创新；围绕解决群众关切，加快发展基本社会服务。这使得民政工作在打赢脱贫攻坚战、全面建成小康社会中发挥了积极作用，民政事业不断取得新成效。

（一）聚焦脱贫攻坚，筑牢扶贫兜底保障

党的十八届五中全会把扶贫攻坚改写为脱贫攻坚，提出"坚决打赢脱贫攻坚战"，指出"实施精准扶贫、精准脱贫，因人因地施策，提高扶贫实效"。为实现到 2020 年全面建成小康社会目标,实现"两不愁三保障"成为贫困人口脱贫的基本要求和核心指标。党的十九大将打好精准脱贫攻坚战作为三大攻坚战之一,习近平总书记指出,要把工作往深里做、往实里做,重点做好那些尚未脱贫或因病因伤返贫群众的工作,加快完善低保、医保、医疗救助等相关扶持保障措施,用制度体系保障贫困群众真脱贫、稳脱贫。民政部门把兜底脱贫作为重大政治任务和民政系统的头等大事,持续将政策、项目、资金向贫困地区和贫困群众倾斜,积极推动农村低保制度与脱贫政策相衔接,全国所有县(市、区)农村低保标准全部超过国家扶贫标准,对部分或完全丧失劳动能力且无法依靠产业就业帮扶的脱贫人口、符合条件的建档立卡贫困人口等予以托底保障。

2018 年 8 月,民政部召开"全国民政系统打赢脱贫攻坚战三年行动"电视电话会议,部署安排民政系统脱贫攻坚工作。民政部还制定《贯彻落实〈中共中央 国务院关于打赢脱贫攻坚战三年行动的指导意见〉行动方案》,并联合国务院扶贫办、财政部制定了《关于在脱贫攻坚三年行动中切实做好社会救助兜底保障工作的实施意见》,从民政工作总体和社会救助兜底保障两个层面对脱贫攻坚作出了总体安排。2019 年 9 月,民政部发布《关于做好当前困难群众基本生活保障工作的通知》,提出坚持底线思维,全面落实党中央、国务院社会政策托底的决策部署,强化社会救助的兜底保障,对未脱贫建档立卡贫困户中的重病患者、重度残疾人等完全丧失劳动能力和部分丧失劳动能力的人员,以及生活困难的成年、无业重度残疾人,参照"单人户"纳入低保范畴,切实做到"应保尽保"。

2020 年 3 月,面对新冠疫情的影响,民政部发文要求贯彻落实中央部署要求,扎实做好受疫情影响困难群众基本生活保障,做好疫情防控期间贫困人口救助帮扶,及时救助因疫致贫返贫群众,加强特殊群体关爱帮扶,确保符合条件贫困人口兜底保障不漏一户、不落一人,坚决完成脱贫攻坚兜底保障各项任务。4月,民政部、国务院扶贫办印发《社会救助兜底脱贫行动方案》,强调及时把未脱贫建档立卡贫困人口、脱贫后返贫人口、新增贫困人口中符合低保政策的人员全部纳入农村低保范围,对未脱贫建档立卡贫困户中的重度残疾人、重病患者参照"单人户"纳入低保。6月,民政部、财政部联合印发《关于进一步做好困难群众基本生活保障工作的通知》,围绕"兜底、衔接、应急",坚持凡困必帮、有难必救,推动疫情防控常态化下城乡困难群众应保尽保、应救尽救、保障到位目标的实现,并明确适度扩大低保范围、适度放宽特困人员认定,做实兜底保障。

2019年,全国有1796万建档立卡贫困人口纳入农村低保或特困人员救助供养,稳定实现建档立卡贫困人口"两不愁"目标。到2019年底,全国农村低保标准平均达到每人每年5247元,全国深度贫困县平均标准为每人每年4169元,"三区三州"所辖县平均标准为每人每年4045元。2020年,我国约有1936万完全或部分丧失劳动能力的建档立卡贫困人口通过政策性兜底保障脱贫。在新冠疫情下,低保、特困政策适度放宽范围,根据民政部10月23日举行的2020年第四季度例行新闻发布会数据,2020年6—8月,因疫情影响新纳入低保205.5万人,开展临时救助199.3万人次。

当前,中国已经开启全面建设社会主义现代化国家的新征程,我国经济社会发展的不平衡、不充分的问题依然没有解决,低收入困难群众还将长期存在。民政部门全面开展低收入家庭认定工作,以低保对象、特困人员、低收入家庭、刚性支出困难家庭为重点,建立动态更新的低收入人口监测信息库,加强监测预警;把走访发现需要救助、需要帮扶的困难群众作为基层组织的重要工作内容,健全完善困难群众主动发现机制,推动救助理念从"被动救助"向"主动救助"转变。构建以基本生活救助、专项社会救助、急难社会救助为主体,社会力量参与为补充的分层分类的社会救助体系,运用不同救助政策实施兜底保障,形成综合救助格局;改变过去偏重物质救助的方式,创新发展社会救助服务方式,提供必要的访视、照料服务,形成"物质+服务"的救助方式。同时,不断提升便民利民服务水平,全面推行"一门受理、协同办理",为困难群众提供更加方便、快捷的救助服务。低收入人口监测预警机制运行良好,2020年,各级民政部门重点排查361万贫困人口,新纳入兜底保障109万人,务求"不漏一户、不落一人"。

(二)聚焦特殊群体,做好基本民生保障

低保户,特困人员,孤弃儿童,留守儿童,妇女和老年人,困难、重度残疾人,受灾群众,城市生活无着的流浪乞讨人员等特殊群体的基本生活面临着诸多困难,国家建立不同类型的社会救助制度,有针对性地提供物质、服务等救助,做好特殊群体的基本民生保障。

2019年9月,民政部发布《关于做好当前困难群众基本生活保障工作的通知》,提出落实重点救助对象"分类施保"政策,提高救助水平。进一步落实特困人员救助供养制度,落实特困人员照料护理标准,加强对分散供养特困人员定期探访和照料服务。进一步健全农村留守儿童和困境儿童关爱服务体系,加强孤儿和事实无人抚养儿童保障,建立困难残疾人生活补贴和重度残疾人护理补贴标准动态调整机制,加大特殊群体保障力度。要高度重视灾区群众基本生活保障,加强与相关部门协调联动,做好与受灾人员应急救助、过渡期生活救助、冬春救助等受灾人员救助的衔接，及时将符合条件的受灾群众纳入社会救助范围，保障其基本生活。

针对特困人员的集中供养，2019年9月，民政部等发文要求进一步加强特困人员供养服务设施（敬老院）管理工作，着力解决供养服务机构的法人身份缺失、运营管理滞后、照护人员短缺、服务质量不高等问题。针对特困人员的分散供养，2020年1月，民政部发布《关于加强分散供养特困人员照料服务的通知》，提出落实特困人员救助供养标准，以委托照料服务为重点，保障分散供养特困人员的基本生活权益。

2019年5月，民政部、教育部等联合发文，要求进一步健全农村留守儿童和困境儿童关爱服务体系，明确未成年人救助保护机构及人员职责，做好农村留守、困境儿童关爱服务提供制度保障。6月，民政部、发改委等联合发文提出进一步加强事实无人抚养儿童保障，将事实无人抚养儿童纳入国家保障范围，拓展孤弃儿童保障范畴。11月，民政部、公安部等联合发文提出加强农村留守妇女关爱服务工作，要基于农村留守妇女面临的困难和需求，进一步采取措施完善农村留守妇女关爱服务体系、健全工作机制、提升关爱服务能力。12月，民政部、国资委等就劳动密集型企业加强农村留守、困境儿童关爱服务联合发文，推动劳动密集型企业引导务工人员依法履行未成年子女监护职责及抚养义务，做好农村留守、困境儿童的关爱服务。2020年6月发布的《关于进一步做好困难群众基本生活保障工作的通知》明确将特困人员救助覆盖的未成年人范围从16周岁放宽到18周岁，要求将符合"三无"条件的未成年人全部纳入特困人员救助。

2020年年底，全国共有城市低保对象805.3万人，农村低保对象3621.5万人。全国城乡低保标准分别达到人均每月665元和每年5842

元，同比增长 7.7% 和 11.3%。全国共有特困人员 477.6 万人，其中农村 446.5 万人，城市 31.1 万人。城乡特困人员基本生活标准分别达到人均每年 10775 元和 8230 元，同比增长 11.4% 和 12.8%。24.76 万事实无人抚养儿童首次纳入国家保障，集中养育孤儿和社会散居孤儿保障标准分别达到人均每月 1567.2 元和 1140 元，同比增长 6.6% 和 8.6%。残疾人生活补贴和护理补贴分别惠及 1152.9 万人和 1432.7 万人。救助流浪乞讨人员 66.1 万，帮助近 1.3 万人成功寻亲，3.8 万多名长期滞留人员得到妥善照料服务，近 1.8 万名长期滞留人员得到落户安置。同时，出台新政策来提升对农村留守老人、留守妇女、留守及困境儿童的关爱保护，让广大困难群众和特殊群体基本生活得到更好保障。

（三）聚焦基层基础，夯实基层社会治理

社区是创新社会治理、提升居民群众获得感和幸福感的基础。习近平总书记高度重视基层社会建设和基层社区治理，有一系列关于基层基础工作的重要论述，要求聚焦基层基础，巩固党的执政基础与基石。自 2017 年《关于加强和完善城乡社区治理的意见》发布后，我国着力补齐城乡社区治理短板，强化城乡社区治理的资源保障，城乡社区治理体系逐步健全、治理水平不断提升。2019 年后，民政部继续推动全国城市社区治理和服务创新实验区工作，指导各地基于实际情况推进基础建设，开展街道服务管理创新实验，为推进社区治理体系和治理能力现代化提供样本。11 月，民政部公布乡镇政府服务能力建设典型案例经验，组织乡镇政府服务能力建设交流，助推乡村振兴战略的实施。

2018 年 12 月，十三届全国人大将村民委员会和居民委员会每届任期由 3 年改为 5 年，这有利于推动村（社区）党组织书记"一肩挑"、村（社区）"两委"成员交叉任职和村（居）委会干部的相对稳定。

2019年年初,民政部联合中央组织部开展村"两委"换届"回头看",深入推进村民自治领域扫黑除恶专项斗争。在"回头看"中,将受过刑事处罚、存在"村霸"和有涉黑涉恶等问题的人从村干部队伍中清理出去,并及时依规补齐配强人员。通过"回头看"找出了换届中存在的问题,落实整改措施,提升基层党组织战斗力,激发村干部队伍活力,为推动村民自治、实施乡村振兴战略提供坚强组织保障。

在强化基层组织建设的基础上,民政部门继续强化基层居民自治指导,推动健全居(村)民会议或居(村)民代表会议制度,指导社区建立协商议事委员会,全国85%的村建立村民(代表)会议制度,89%的社区建立了居民(代表)会议制度,64%的社区建立协商议事委员会。依托这些自治机构开展"四议两公开"等基层自治活动,进行相关事务协商决策。同时,推动建立居民公约、村规民约或村民自治章程,发挥章程、规约、公约等的规制作用,促进自治、法治、德治融合推动基层治理。城乡社区服务体系建设深入推进,全国城乡社区综合服务设施覆盖率分别达到78.6%和46.1%。加快发展社区生活性服务业,为对社区有需求的人群提供关爱照顾。2020年4月,民政部、发改委等联合发文要求改进和规范基层群众性自治组织出具证明,推动基层群众性自治组织减负和规范化运营,为基层组织减负。同时,推动城乡社区服务实施建设,2020年年底,城乡社区综合服务设施覆盖率分别达到96.4%和83.7%,同比增长17.7%和37.6%。

2020年新冠疫情发生后,社区防控成为疫情防控的基础性工作。1月,民政部、卫健委联合发文要求动员城乡社区组织遏制疫情扩散蔓延,做好疫情防控组织实施,做好疫情监测和重点人群管理,做好信息报送、宣传教育及环境整治工作,做好困难家庭和人员帮扶,建立疫情社区防控机制，确保防控责任、措施及效果落实到位。2月，民政部、卫健委再次发文要求进一步做好城乡社区疫情防控工作，强化疫情防控措施落实，加强组织领导和宣传教育。4月，民政部、卫健委联合印发《新冠肺炎疫情社区防控与服务工作精准化精细化指导方案》，完善城乡社区联防联控工作机制和群防群控组织体系，强化社区防控网格化管理和社区服务供给精细化，组织发动激励群众做好自我防护，夯实疫情防控和经济社会发展的基层基础。

加强社会组织政治建设，大力推进党的组织和党的工作"两个全覆盖"，推动将党的全面领导载入社会组织章程。持续加大监管力度，打击整治非法社会组织，清理规范社会组织涉企收费。在行业协会商会与行政机关脱钩试点基础上，推进行业协会商会与行政机关脱钩工作，引导社会组织在经济社会建设和脱贫攻坚中发挥积极作用。

2021年7月，中共中央、国务院发布《关于加强基层治理体系和治理能力现代化建设的意见》，明确基层治理是国家治理的基石，统筹推进乡镇（街道）和城乡社区治理，是实现国家治理体系和治理能力现代化的基础工程。该意见提出加强基层治理体系和治理能力现代化建设指导思想、工作原则和主要目标，并要求完善党全面领导基层治理制度、加强基层政权治理能力建设、健全基层群众自治制度、推进基层法治和德治建设、加强基层智慧治理能力建设等，在党的全面领导下，发挥多元主体作用，保障改善民生，维护群众权利，推动社会有序和谐，实现居民的幸福美好生活。

（四）聚焦群众关切，优化基本社会服务

基本社会服务是我国基本公共服务体系建设的重要内容，承担着为城乡居民基本生产生活提供物质帮助、服务帮扶的责任，保障着包括困难群体在内的普通民众的基本生存和发展权利。民政部门承担的基本社会服务包括养老、殡葬、婚姻、区划地名管理等。在落实习近平总书记重要指示精神过程中,民政部门紧盯群众关切的热点焦点问题以及制约发展的难点问题,进一步推动基本社会服务的发展。

近年来,我国"以居家为基础、社区为依托、机构为补充、医养相结合"的养老服务体系逐渐成形。在养老机构设立许可取消后,养老服务监管体系逐步健全,以切实提升养老服务质量。2019年4月,《关于推进养老服务发展的意见》发布,提出深化放管服改革,拓宽养老服务投融资渠道,扩大养老服务就业创业及消费,促进养老服务高质量发展,促进养老服务基础设施建设,以推动养老服务供给结构优化,充分释放养老服务消费潜力。9月,民政部发文提出进一步扩大养老服务供给,培育养老服务消费新业态,促进养老服务消费,优化养老服务营商和消费环境。2020年1月,民政部发布《关于加快建立全国统一养老机构等级评定体系的指导意见》,以养老机构等级评定推进养老机构服务质量,强化养老服务质量及安全的监督管理。2020年年底,我国各类养老床位数达到807.5万张,同比增长7%。

婚姻是组建家庭的开端。近年来,婚姻登记服务水平不断提升,《婚姻登记工作规范》《婚姻家庭辅导服务》等制度推动了登记服务的规范化,促进了颁证制度的实施,也有助于推进婚姻家庭关系的和睦。2019年6月,民政部出台《关于推进"互联网+婚姻服务"行动方案》,推动婚姻登记业务智能化,推动婚姻登记系统全国联网审查及部门间数据交换共享,探索开展跨区域婚姻登记工作。2020年,推动贯彻民法典,出台调整婚姻登记程序、变更婚姻登记证有关事项的措施,并开展庆祝中华人民共和国首部婚姻法颁布70年主题活动。民政部门还大力推动婚俗改革，启动婚俗改革试点，倡导简约适度的婚俗礼仪，抵制天价彩礼、低俗婚闹、攀比浪费等不良社会风气。

作为基本民生事项，殡葬的政府保障职责日益显现。针对殡葬领域的突出问题，民政部门开展专项整治行动，组织安葬（放）设施违规建设经营专项摸排，从源头入手，规范公墓管理和殡葬服务秩序，加大殡葬公共设施建设力度，全面实施惠民殡葬政策，健全殡葬公共服务体系。2019年以来，民政部推进《殡葬管理条例》的修订，开展全国殡葬综合改革试点工作，推进公益性殡葬设施建设，补齐殡葬公共服务短板。同时，持续推进丧葬礼俗改革，推行节地生态安葬、低碳文明的祭扫方式，引导群众树立正确丧葬观，推动清明祭扫的安全有序，在丧葬活动中体现良好家风、文明乡风和淳朴民风。

区划地名是国家行政管理的基础性内容，也是民政部门基本公共服务的重要事项。2018年国务院颁布的《行政区划管理条例》突出了区划管理的顶层设计，完善了行政区划管理的原则方针及程序，为优化行政区划管理提供法治保障。2018年在全国地名普查任务完成后，国家及省、市、县四级地名数据库建立起来，标准化的地名图录典志最终成形。2019年8月，民政部办公厅发文提出建好用好国家地名信息库，开展国家地名信息库更新完善工作，建立健全地名信息更新机制。11月，民政部颁布《行政区划管理条例实施办法》，对行政区划的变更予以细化规范。2020年后，开始稳妥开展不规范地名清理整治，发布中国·国家地名信息库，开展省级地名信息库建设试点，强化地名公共服务能力。

第五章

共产党领导的民政工作百年变革总结

在中国共产党的领导下，中华民族迎来了从站起来、富起来到强起来的伟大飞跃。建党百年来，党的丰功伟绩是在历经艰辛、饱经风雨的长期摸索中积累下来的，民政工作的发展进步，是党领导的民政人前仆后继、不懈奋斗、兢兢业业的奋斗得来的。民政工作内容是党和政府事务的重要组成部分，是党将其为民爱民执政理念转化为政府管理服务事项，再交由民政部门担负相应职责、行使管理服务职能的结果。民政工作是党和政府一项非常重要的工作，是政府履行公共服务和社会管理职能的重要方面，它直接为人民群众服务、为人民群众排忧解难；党和政府的爱民之情、亲民之意、为民之举，很大程度上是通过民政工作来体现的。回顾党领导的百年来民政工作的沿革，我们可从中探求民政工作发展变革的特点和规律。

第一节 民政工作重点在不同历史时期不尽相同

从党领导的民政工作产生、发展及其改革历程来看，民政工作的任务内容是由一定历史时期的客观社会条件所决定的，是根据一定社会背景中现实的政治、经济条件，基于党和国家及人民群众社会需要而确定的。同时，其也会随着社会客观条件、政治经济发展，以及党和国家、民众需要的变化而变动。在党领导的中国现代化求索发展的不同时期，党和政府基于时代需要确定其工作重点，进而对民政工作的职责任务进行调整，民政机构随之发生变化。也就是说，对民政工作而言，变是常态，不变反而是非常态。在不同历史时期，民政工作的重点不尽相同，表现为民政部门职责职能、管理机构的调整变化。

一、在新民主主义革命时期，民政为革命战争服务，围绕打赢革命战争需要而展开

中国共产党在1921年成立后就担负起团结带领中国人民争取民族独立、人民解放，实现"中华民族站起来"的历史任务。经过土地革命战争、抗日战争、解放战争的浴血奋战，打败日本侵略者，推翻国民党的反动统治，完成了新民主主义革命，建立中华人民共和国。这一时期，中国共产党围绕武装夺取政权，先后在革命根据地、抗日根据地和解放区建立起政权组织，民政部门广泛发动农民开展土地革命，推进根据地的经济文化和社会建设，对打破敌人的政治打压、武装围剿和经济封锁，动员更多农民参军进行革命，支援前线打胜仗等发挥了极为重要的作用。

伴随着党领导的人民革命政权的建立，民政工作就此开启。1931年11月，中华苏维埃共和国临时中央政府在江西瑞金成立，下设内务人民委员部，这是党领导下第一个中央级民政机构，主管选举、户政、婚姻、治安、拥军优属、救灾救济、市政交通、卫生等多项工作，被誉为苏维埃的"大管家"，其所从事的组织选举、婚姻管理等工作开创了民政工作的先河。1934年10月第五次反"围剿"失利后，内务人民委

员部跟随中央纵队长征到达陕北。1937年9月，陕甘宁边区政府建立，其下设立民政厅，负责行政人员任免、土地管理、户籍管理、警察行政、选举、卫生、救济、婚姻、劳资争议、战争动员、人民团体登记、禁烟禁赌、优待抚恤等事项，其所开展的战争动员、救灾救济、禁烟禁赌等大部分工作被解放区民政部门所沿袭。1948年9月，华北解放区成立华北人民政府，设立民政部，主要职责包括政权建设、干部管理、户籍、地政、卫生、优抚、救济、婚姻、市政、宗教、民族、礼俗等多个方面，奠定了中华人民共和国民政工作的基础。在新民主主义革命时期，民政工作是党领导的政府工作的重要组成部分，在根据地、解放区所开展的民政工作，对发展壮大人民武装、支持前线战争、保卫革命战争胜利成果、巩固和扩大革命根据地以及夺取解放战争的全面胜利等都发挥了重要作用。

这一时期的民政工作在服务党领导的打赢革命战争大背景下而展开，在土地改革、优待抚恤、民主建政、救灾救济、婚姻管理、难童保育等方面都有着突出的成就，有的甚至具有开创性。

在土地改革方面，积极做好土地改革及其相关工作。在土地革命战争、抗日战争以及解放战争时期，土地革命是我们党领导的贯穿整个历史过程的核心工作。解决了土地问题，就赢得了农民；得到占中国人口绝大多数农民的支持，就为赢得战争胜利奠定了基础。民政部门负责户口调查和土地管理，承担了与土地改革相关的诸多具体任务。早在土地革命战争时期，民政部门就积极推动"调查人口、分配土地、支援战争"的工作。1930年10月，毛泽东在《兴国调查》中列举了土地革命中贫农在12个方面得到的利益：分了田；分了山；分了地主及反革命富农的谷子；革命以前的债一律不还；吃便宜米；过去讨老婆非钱不可,现在完全没有这个困难了;死了人不要用钱了;牛更便宜了;应酬废弃,迷信破除,两项的费用也不要了;没有烟赌,也没有盗贼;自己可以吃肉了。在这12项利益中,分田、分山、婚姻、殡葬、禁烟禁赌、移风易俗就占了6项,这些工作都由民政部门直接负责或参与。在抗日战争时期,党领导人民进行"减租减息"以争取地主、富农以及贫下中农的支持。在解放战争中,实行了彻底的"耕者有其田"的土地制度,赢得了广大农民群众的认可,调动了农民参加革命的积极性。

在优待抚恤方面,大力开展军烈属优抚以及拥军优属。凡是在党的领导下,建立人民政权的地方,都纷纷颁布军人军属优待抚恤办法,确保对军人及其家属分给房屋、包耕代耕、免纳捐税、免纳房屋租金、优先购买稀缺物资、妥善安置残废军人、抚恤战士、褒扬烈士、保护军婚、优先保障革命军人及其家属的生产生活。1943年10月,毛泽东亲自发动拥政爱民和拥军优属运动,并由此形成了我党、我军保留至今的拥政爱民传统。人民部队行走到哪里,在战争之余就帮助当地群众进行土改、耕种、维护治安等,群众则组成"帮工队""代耕队"包耕、代耕军人军属土地,组织"后勤队""担架队"参军参战,竭尽全力支援部队赢得战争胜利,鼓舞前线将士的士气。

在民主建政方面,开创了以民主选举建立人民政权的先河。在土地革命战争时期,中央革命根据地(苏区)等地大力推行民主选举,以民主选举方式组建基层政权组织。为做好民主选举,苏区还颁布了选举相关办法细则,规范选举的内容及程序。由于工农群众的民主权利受到尊重和保护,广大群众表现出很高的政治热情,踊跃参加选举,许多地方的参选人数达到了选民总人数的80%以上,个别地方甚至达到90%以上。土地革命战争时期,多个革命根据地相继召开各级工农兵代表大会,选举产生了苏维埃政府,开创了政权建设之先河。抗日战争时期,抗日根据地普遍实行基于平等、直接、秘密、普选等原则的民主选举制度,组建各级政府。针对群众识字不多的情况,陕甘宁边区还创造了画圈法、画杠法、画点法、投豆法、烧洞法、投纸团法等形式多样的投票方法,从而保证了群众的选举权,极大地激发了边区群众的参与热情。民政部门负责选举工作人员培训,选举宣传、划分选区、组织选民登记、投票选举等具体工作,并对选举进行指导监督,为民主选举的成功奠定了坚实基础。

在救灾救济方面,大力推进救灾救济,减少灾害损失。面对灾难深重的旧中国,共产党自成立之日起就十分重视灾害救助、灾民救济工作。在土地革命战争时期,各个革命根据地在极端困难的条件下大力开展救灾救济工作,对灾民、难民及其他生活困难者采取政府发放资金物资、安排劳动、分配公粮、代耕代种等方式进行救济,同时还通过兴修水利、植树造林、储粮备荒等措施来减少灾害损失。1933年,中央苏区各级政府为受灾群众提供救济粮2万余担,修整房屋6000余间,建立残废院3所,孤儿全部进入列宁小学接受免费教育。抗日战争时期,边区政府成立了救灾委员会,民政部门出台优待难民贫民制度,在粮食等物资极为紧张的情况下,尽最大努力救济难民。1946年,毛泽东指出:"救济之法,除政府所设各项办法外,主要应依靠群众互助去解决。"各解放区民政部门积极组织群众实行生产自救,通过开荒耕种、以工代赈等参加生产劳动来解决衣食生计问题。

在婚姻改革方面,扎实推进婚姻婚俗改革,建构平等的婚姻关系。1931年11月,苏维埃临时中央政府颁布《中华苏维埃共和国婚姻条例》。在此基础上,1934年4月,苏维埃临时中央政府又颁布《中华苏维埃共和国婚姻法》。这两部涉及婚姻的法律推翻了原有以男子为中心的"夫权"支配制度，确定了婚姻自由、一夫一妻、男女平等、保护妇女儿童合法权益等基本原则，规定废除一切包办、强迫和买卖婚姻制度，禁止童养媳；废除旧社会男尊女卑、"夫为妻纲"的封建制度，提倡婚姻自由、男女平等；实行一夫一妻制，保护妇女合法权益，并对结婚、离婚以及离婚后子女及财产处理问题都作了具体规定。新婚姻法的诞生，打碎了长期以来束缚妇女的封建锁链，推动了妇女解放，鼓舞了人民革命斗志，使得婚姻登记管理成为新型婚姻家庭关系的基础。民政部门负责的婚姻登记，对形成自由美满、幸福、团结和谐的新型婚姻家庭关系发挥了重要作用。

在儿童保育方面，积极推动战时儿童保育工作，培养祖国建设人才。1938年3月，各界知名人士700多人在汉口圣罗以女中召开中国战时儿童保育会成立大会。为了国家和民族的命运，妇女各界人士联合成立了"中国妇女慰劳自卫抗战将士总会及中国战时儿童保育会""中国战时儿童救济协会""中华慈幼协会"等抢救和教育战争灾难儿童的团体组织，各界妇女还组织了百余个儿童保育院、教养院和育幼院等保育机构。在战区儿童被转移到后方各省后，保育会共设立了50多个保育院，两协会设立了几十个保育院和教养院。她们在后方保育院教育培养儿童，发挥了广大妇女在保育战时儿童中的先锋作用，为抗日救亡运动作出了重要的贡献。延安的战时儿童保育院在教育难童时把共产主义思想融入新型教育的战时儿童保育工作中，为培养新中国人才奠定了基础。

二、在社会主义革命和建设时期,民政为社会改造、经济恢复、推动经济社会发展创造条件

中华人民共和国成立之初,面对满目疮痍、百废待兴的社会环境,党领导人民战胜重重困难,实行了工农业生产的初步恢复,打赢了抗美援朝战争,实现了对农业、手工业、资本主义工商业的社会主义改造,确立起社会主义公有制的基本制度框架,并开始大规模推进社会主义建设,初步建构起独立而完整的工业体系和国民经济体系。在此过程中,尽管出现过"大跃进""文化大革命"等失误,但总体上,我国成功实现了中国历史上最深刻最伟大的社会变革,使得整个国家和人民的面貌都焕然一新。

中华人民共和国的成立,揭开了民政历史发展新篇章。改造旧中国和建立新社会对民政工作提出了严峻的挑战,也打开了其发展空间。1949年11月,中央人民政府内务部正式成立,民政工作职能及其机构初步建立。1950年7月召开第一次全国民政会议,将做好民主建政、救灾救济和复员军人安置工作作为重点。随着国家政权的不断稳固,国家管理机构的职责分工趋于专业化,并逐步走向科学化与制度化。1953年10月,第二次全国民政会议进一步明确了内务部的职责业务范围,包括政权建设、优抚安置、农村救灾、社会救济、老根据地建设、土地遗留问题的处理、战勤动员、游民改造、戒烟戒毒、婚姻登记、行政区划、公墓管理等。1954年9月,中央人民政府内务部改称中华人民共和国内务部。1958年后,内务部分别召开3次全国民政会议,部署了民政工作跃进规划,支持和促进工农业生产"大跃进",提出了一系列超越实际的政策举措,但实际成效不大。经过总结、反思经验教训,

1960年3月，第六次全国民政会议召开时，中央领导重申要进一步加强优待抚恤和复员安置工作，切实做好救灾和社会救济工作，积极研究和参加城市街道组织居民生产和集体福利事业的工作，承办好政府机关人事工作，办好选举工作等。这推动内务部回归民政工作本位，重申民政工作要以优抚、复员安置、救灾、社会救济为主要业务，坚持实事求是，关心群众，积极参与安排群众生活的工作。"文化大革命"开始后，1968年12月，内务部被迫撤销。地方民政组织机构也受到不同程度的冲击，有的被撤销，有的与其他部门合并。但是，由于诸多民政工作内容不可或缺，民政业务并没有中断，而是分别移交其他部门管理。

这一时期，民政部门将过去在新民主主义革命时期所形成的民政政策理念推向全国，推动民政工作不断建章立制，构建起全国统一的民政管理体系。尽管民政职责随着党和国家建设的需要多次调整，具体业务繁多而庞杂，但是从服务经济恢复和社会发展大局来看，民政工作在社会改造、基层政权建设、优抚安置、灾害救助、社会救济等方面作出了突出成绩。

在社会改造方面，通过解决旧中国遗留的社会问题，使得社会面貌焕然一新。在中华人民共和国成立后，在党和政府领导下，民政部门积极发挥职能作用，同有关部门对旧中国留下的特殊群体进行改造，有效荡涤了旧社会的污泥浊水。例如，全面取缔和改造妓女这一社会丑恶现象。1949年11月1日，北京市通过了封闭妓院的决定。当天，民政、公安、卫生、妇联等有关部门通力合作，封闭了全市所有的妓院。民政部门承担了妓女改造任务，成立妇女教养院，帮助她们改造思想、医治疾病，组织她们学习技艺、参加生产，走上新的生活道路。1950年5月1日，中华人民共和国制定的第一部法律《中华人民共和国婚姻法》

公布实施,明确了婚姻自由、一夫一妻、男女权利平等、保护妇女等原则。1955年6月,内务部发布《婚姻登记办法》,以婚姻登记推动婚姻法所主张的男女平等、婚姻自由、一夫一妻以及保护妇女儿童合法权益等内容的落地。婚姻登记机关的设立及规范运行将婚姻自主推广到全国各地,对保障合法婚姻,防止违反婚姻法规定的婚姻关系等发挥了重要作用。同时,内务部在推动资遣国民党散兵游勇、禁烟禁毒、改造游民、取缔反动团体等方面,也做了大量艰苦细致的工作,有力净化了社会风气,维护了社会秩序。

在基层政权建设方面,赋权于民,规范新政权的民主建政工作。中华人民共和国成立初期,地方政权组织建设工作由各级民政部门承担。遵照党和中央政府指示,民政系统将民主建政列为一项中心工作予以推进。1950年7月,第一次全国民政会议召开,会议的中心议题是民主建政问题。1953年10月,第二次全国民政工作会议提出要加强政权建设,特别是基层政权的建设。内务部起草了省、大城市、市、县、区、乡(行政村)人民代表会议、人民政府组织通则,城市街道办事处组织条例,城市居民委员会组织条例等,代政务院审批省级人民委员会(省级政府)工作机构的设立、裁并、撤销,处理全国人民代表大会提出的有关提案。各级民政部门派出工作组,参加各级各界人民代表会议,推动将民主建政作为各级人民政权建构的基础。通过民主建政,各地彻底废除了旧社会沿袭下来的保甲制度,建立起新的基层政权,确立了中华人民共和国行政管理的新构架。这些工作为彻底铲除国民党反动统治根基,有效实现基层政权的更迭,为形成上下贯通、集中高效、政令畅通的国家行政体系奠定了坚实基础。1954年11月,根据中央指示,民政部门将工作重点转移到优抚、复员、救灾、社会救济等方面上来，对于政权建设，只在党委和政府的领导之下承担一部分组织工作和技术工作，这也标志着民政部门完成了过渡时期协助党中央推进民主建政的历史使命。

在优抚安置方面，推动优抚安置制度建设，推进全国统一管理。内务部制定了优抚条例草案，解决了各地执行制度规定不统一的状况。各地民政部门对烈属、军属普遍进行登记，建立卡片档案管理制度，提高抚恤补助标准，继续发动群众帮助烈属、军属解决生产生活困难的问题，发动各界群众以实际行动支援志愿军赴朝作战。1949年9月通过的《中国人民政治协商会议共同纲领》提出："参加革命战争的残废军人和退伍军人，应由人民政府给以适当安置，使能谋生立业。"1950年大规模战争结束后，中央军委和政务院发布《志愿兵复员工作的决定》，开始有计划大规模地推进志愿兵复员工作。虽然因抗美援朝战争复员安置工作暂时中止，但抗美援朝战争后就又接着进行大规模的复员安置工作。安置好复员军人是国家当时的重要任务，1954年，国务院发布《复员建设军人安置暂行办法》。次年，国务院作出《关于安置复员建设军人工作的决议》。针对规模空前的复退军人安置任务，各级民政部门认真贯彻毛泽东关于"妥善安置，各得其所""只许做好，不许做坏"的重要指示精神，积极做好复员志愿兵安置工作，帮助退役人员解决土地、住房等生产生活资料问题。民政部门在积极组织军烈属和革命残废军人、复员军人参加互助合作组织的同时，还为革命伤残军人创建革命伤残军人教养院、疗养院，为孤老烈属创办烈属养老院，有计划、有重点地举办复员军人慢性病疗养院等优抚事业单位。这些工作，稳定了军心、安定了民心，为营造社会主义革命和建设的良好环境，发挥了不可或缺的作用。

在灾害救助方面，推动建立自然灾害救助制度，提高救助能力。内务部一成立便面临着严重的救灾任务。当时我国遭受特大水灾，长江、淮河、汉水以及海河流域的多条河流都发生了严重的决口、漫溢，灾情遍及全国16个省、区，成灾面积达1亿多亩，成灾人口4500万。对此，毛泽东指示内务部要"好好抓一下"。针对这一严重灾情，内务部迅速抽派干部赴灾区查灾核灾，慰问灾民，并明确"生产自救，节约度荒，群众互助，以工代赈，辅之以政府必要的救济"的救灾方针，要求各灾区坚决"不许饿死一个人"，结束了旧社会"赤地千里、饿殍载道"，灾民四处逃荒的悲惨历史。内务部还在中央人民政府机关建立节约救灾委员会，在中央机关开展每人每天节约小米一两的"一两米节约"救灾运动，并随即在部队、机关掀起节约救灾的热潮。1954年我国多地发生百年未有的大水灾，谢觉哉部长给7个重灾省的领导干部写信推动落实救灾工作。各级民政部门组织大批干部深入灾区，指导群众顽强抗灾、生产自救。许多灾区群众动情地说："百年未有的大水灾，千年未有的好政府。"民政部门在保障受灾群众基本生活、安定社会秩序、促进恢复生产秩序等方面发挥了积极作用。

在社会救济方面，推动社会救济事业发展，做好兜底保障。中华人民共和国成立时，旧社会遗留了大量失业人口和贫苦人民。1950年4月，内务部召开中国人民救济代表会议，确立救济工作方针，提出在人民政府的领导下，发展以人民自救自助为基础的面向人民大众的救济福利事业。各地普遍接收并改造旧中国的"老残所""孤儿院""育婴堂""救济院""贫民习艺所"等机构，同时在大中城市建立一批残老教养院、儿童教养院等新机构，对旧社会遗留的无家可归、无依无靠、无生活来源的老人、儿童、残疾人、流浪乞讨人员、精神病患者等进行安置,保障其基本生活。对有轻微劣迹的游手好闲人员等进行安置改造,使其成为对社会有用的人。各地普遍对暂时生活困难的给予临时救济,对长期生活困难的给予定期救济,实现了救济工作的经常化和制度化。1956年1月,随着农业生产合作社的广泛建立,国家明确要求合作社对缺乏劳动能力、生产上没有依靠的鳏、寡、孤、独社员给予生活上的照顾,保证吃、穿、烧、教、葬,推动着农村五保供养制度的建立。这一系列措施使得城乡社会救济卓有成效,打破了帝国主义对我们"只会搞农村工作,不会管理城市,更谈不到城市救济福利事业"的断言,保障了城乡社会秩序的稳定。

三、在改革开放和社会主义建设时期,民政服务于经济转轨,为社会稳定和谐而拓展

1978年,党的十一届三中全会作出把党的工作中心转移到经济建设上来,实行改革开放的历史性决策,开启了改革开放和社会主义现代化建设的新时期。这个时期,以邓小平同志为主要代表的中国共产党人创立邓小平理论,确立社会主义初级阶段基本路线,制定了到21世纪中叶分三步走、基本实现社会主义现代化的发展战略,开创了中国特色社会主义。以江泽民同志为主要代表的中国共产党人形成了"三个代表"重要思想,明确了社会主义市场经济体制的改革目标和基本框架,确立了社会主义初级阶段的基本经济制度和分配制度,把中国特色社会主义推向21世纪。以胡锦涛同志为主要代表的中国共产党人形成了科学发展观,明确了中国特色社会主义事业总体布局,在新的历史起点上坚持和发展了中国特色社会主义。改革开放以来,我国经济高速发展,社会保持长期稳定,深刻改变了十几亿中国人民的生活水平和精神面貌。

民政工作与改革开放进程同步,在拨乱反正中重新启航。1978年,五届人大一次会议通过决议,恢复原内务部有关职能机构,设立民政部,主管业务包括优抚安置、救灾救济、社会福利、行政区划、婚姻登记、殡葬改革和政府机关人事工作。此后,经过多次机构职能调整,到2008年,民政部主要职责明确为社会组织管理、拥军优抚安置、救灾、社会救助、基层政权和社区建设、区划地名、社会福利、慈善事业促进、婚姻、殡葬、流浪乞讨人员救助管理、社会工作、志愿服务、在华国际难民的安置与遣返等。伴随改革开放的不断深入,民政工作逐步建立与社会主义市场经济体制相适应的制度机制,在支持市场经济体制改革、保障基本民生、维护人民权益、促进社会和谐稳定等方面发挥了重要作用。

在改革开放和社会主义建设进程中,民政职责职能逐步聚焦,民政业务机构相对稳定。同时,有关民政管理的法律法规制度在改革实践中逐步建立健全,各项民政事业都得到了较好发展。这一时期,民政工作在城乡低保、退役安置、老年福利、流浪乞讨、基层群众自治等方面取得了突出成就。

在城乡低保方面,城市和农村的低保制度逐渐建立健全。计划经济时期,我国城市居民的生活主要由单位保障,农村的困难户主要靠集体生产经济组织解决。改革开放以后,随着部分国有企业关停、改制、重组,城市下岗、失业、待业的人口大量增多,部分家庭收入来源中断、生活陷入困顿。对此,一些地方通过建立最低生活保障制度来保障弱势群体基本生活。1993年,上海市率先建立城市最低生活保障制度。1999年,国务院颁布实施《城市居民最低生活保障条例》,标志着我国城市低保制度全面建立。其后保障的对象、标准，资金的来源、发放等工作逐步规范，使得城市低保逐步健全完善。2002年，全国近1400万城市居民享受最低生活保障。在城市低保施行后，民政部开始部署推动农村低保建设。2007年，国务院印发《关于在全国建立农村最低生活保障制度的通知》，要求在农村全面建立农村低保制度。城乡低保制度的建立，实现了城乡居民最低生活保障的全覆盖，适应了社会救助从单位保障、农村集体经济保障向国家保障、政府财政保障的转型。同时，农村五保供养改革、城乡医疗救助也在探索中逐步完善。这对于保障困难群众的基本生活，对于推动国家改革开放进程、缩小收入分配差距、维护社会稳定发挥了积极作用。

在退伍安置方面，推动退役士兵安置制度适应市场经济环境。计划经济时期，我国对退役士兵实行城乡有别的安置制度：城镇退役士兵由政府指令性安排工作；农村退役士兵只对在服役期间荣立二等功（含二等功）以上才给以工作安排。随着市场经济体制改革的深入，政府指令性安置退役士兵的政策越来越难以落实。为适应经济体制转轨，民政部门积极推动新型退役士兵安置制度的探索建构。经过多年的实践摸索和调研论证，不断总结实践工作经验，2010年12月，国务院、中央军委《关于加强退役士兵职业教育和技能培训工作的通知》颁布，强调加强退役士兵职业教育和技能培训工作，以提高退役士兵就业能力、缓解政府安置压力、解除现役士兵后顾之忧。2011年10月，国务院、中央军委出台《退役士兵安置条例》，对退役士兵的移交和接收、安置、保险关系的接续等进行规范，保障退役士兵的合法权益，探索退役士兵安置新模式。2011年11月，全国人大新修订的《中华人民共和国兵役法》颁布实施。这些有关退役士兵安置的法律法规，确立了城乡一体,以扶持就业为主,发给退役金后自主就业、政府安排工作、国家供养、退休以及继续完成学业等多种方式相结合的新型退役士兵安置制度,促进了退役士兵的就业创业。

在老年福利方面,推动老年人福利制度建设,推动社会养老服务。面对我国不断加快的老龄化进程,我国着力构建政府主导、民间参与的多元投资格局,指导和支持各地因地制宜发展养老服务,逐步推进社会养老服务体系建设。例如,上海出台多项措施,建设"9073"养老服务格局,即90%的老年人实现家庭自助养老,7%的老年人享受社区居家养老服务,3%的老年人享受机构养老。广西壮族自治区在农村"五保户"相对集中的村庄("五保村")为其翻新建设"五保户"住房,对五保对象进行统一供养和管理。辽宁省基于老年人居住状况,建设农村常年病人托管中心,推动农村养老照顾常态化。2000年后,国家加快推动社会福利社会化。在保障孤老孤儿等基本生活的基础上,适度扩大社会福利范围,不断提升受益面。完善老年人福利政策,推进高龄津贴制度和养老服务补贴制度建设,截至2011年年底,津(补)贴制度已在15个省份建立起来。推进各类养老机构的发展,以居家为基础、社区为依托、机构为补充的社会养老服务体系初步建立。

在流浪乞讨人员管理方面,废除流浪乞讨人员的收容遣送制度,转变为自愿性的救助管理。早在20世纪50年代,我国就建立收容遣送制度,针对国民党散兵游勇、妓女、社会无业游民等进行收容遣送。到20世纪60年代,收容的主要对象成为进入城市的灾民。1982年5月,国务院发布了《城市流浪乞讨人员收容遣送办法》,要求对城市中的流浪者进行救济、教育和安置。1991年国务院发布的《关于城市收容遣送工作改革问题的意见》将收容遣送的对象扩大到"三证"(身份证、暂住证、务工证）不全的流动人口。1992年后，各地在实际工作中，将收容对象扩大到无合法证件、无固定住所、无稳定收入的人员，收容遣送逐渐演变为限制外来人口进城流动的强制性措施。2003年，孙志刚事件发生后，国务院果断废除了强制性收容遣送制度，并颁布《城市生活无着的流浪乞讨人员救助管理办法》。民政部门迅速出台流浪乞讨人员救助的实施细则，建立起以自愿受助、无偿救助为核心的关爱性救助管理制度，对城市流浪乞讨人员进行基本生活保障，帮助其寻亲返乡，并提供紧急医疗救助服务。

在基层管理方面，推动基层管理体制变革，建构基层群众自治制度。改革开放初期，针对农村联产承包责任制改革后社队管理弱化、基层组织涣散问题，广西壮族自治区宜州市合寨村农民自发选举产生村民委员会，运用村规民约进行村民自治、民主管理。这一基层创举性做法得到了党中央、全国人大及国务院的高度重视和肯定。1982年，宪法确立了村民自治的基本原则，将村民委员会作为农村基层群众自治组织。在农村政社分开过程中，各级民政部门积极参加了废除人民公社制、设立乡镇政府的工作。在此过程中，全国农村普遍建立了自我管理、自我教育、自我服务的基层群众性自治组织——村民委员会。村民委员会建立后，各地普遍推行以民主选举、民主决策、民主管理和民主监督为主要内容的村民自治制度，全国90%以上的村实行村务公开，保障了广大人民当家作主的权利。在城市，1986年民政部首次把"社区"概念引入基层管理服务，首倡开展社区服务并迅速普及。在1998年，民政部"基层政权建设司"改为"基层政权与社区建设司"，社区建设纳入了国家行政职能范围。2006年，党的十六届六中全会第一次提出了"农村社区"概念，推动了农村社区建设的探索。民政部门以强化村（居）民自治为着力点，以加快城乡社区建设为载体，不断完善城乡基层服务管理网络，全面推进基层民主政治建设。基层群众自治制度上升为我国的一项基本政治制度，在保障基层群众的选举权、参与权、管理权、知情权、监督权，维护基层和谐稳定方面发挥了重要作用，成为我国最直接、最广泛、最生动的社会主义民主实践。

这一时期，各项民政工作都取得了积极进展。在自然灾害救助方面，国家成立减灾委员会，《自然灾害救助条例》颁布实施，所建立的自然灾害应急响应机制使得应对重特大灾害的侵袭、保障灾民生活的能力大大提升。在拥军优抚安置方面，普遍建立优抚对象抚恤补助经费自然增长机制，义务兵家属优待金转为财政列支。双拥模范城（县）评选、拥军优属活动广泛深入开展，优抚与双拥工作卓有成效。在社会福利方面，国家孤儿保障体系建构起来，孤儿的抚养、教育、医疗、康复，成年后就业、住房等已有全面的制度性安排。推动建立残疾人补贴制度，拓宽残疾人就业渠道，加强福利企业建设，切实保障残疾人基本权益。社会福利有奖募捐券的创立发行，开启中华人民共和国公益彩票发行之历史先河，有力支持了社会福利和公益事业发展。

在社会组织管理方面，颁布了社会团体、基金会、民办非企业单位、外国商会等多个登记管理办法，建立起社会组织业务主管和登记机关双重管理的新体制，提出培育发展与监督管理并重的新思路，社会组织的作用持续显现。在区划地名方面，全面完成省级、县级陆地界线的勘界工作，彻底结束了自古以来我国无法定行政区域界线的历史。实施"地名公共服务工程"，方便群众的生产生活。在专项社会事务管理方面，修订《婚姻登记条例》，取消强制婚检，推进结婚登记颁证服务，提高规范化、标准化水平。稳步推进殡葬改革，加大绿色殡葬和节地生态安葬的推进力度，完善殡葬服务设施。颁布了慈善事业发展指导纲要，出台了相关政策，定期开展"中华慈善奖"评选表彰，慈善组织规模和社会捐赠总额持续扩大。与中央组织部等多个部门联合出台政策，共同推进社会工作专业人才队伍建设，2008年起每年组织社会工作者职业水平考试，增加民政系统社会工作岗位设置，推进了社会工作的专业化、职业化进程。

四、在中国特色社会主义新时代，民政服务于小康社会建设，为夯实社会建设基础而努力

党的十八大以来，伴随着我国经济发展进入新常态，社会建设越来越多地得到党和政府重视。党的十九大作出了中国特色社会主义进入新时代、我国主要社会矛盾转变等论断，以习近平同志为核心的党中央团结带领全国各族人民立足社会主义建设实践，创立了习近平新时代中国特色社会主义思想，推动党和国家事业取得历史性成就，发生历史性变革。尤其是我们组织实施了人类历史上规模最大、力度最强、执行最彻底的脱贫攻坚战，克服新冠疫情的不利影响，在2020年实现现行标准下的农村贫困人口全部脱贫，历史性地解决了困扰中华民族几千年的绝对贫困问题，如期实现第一个百年的奋斗目标，顺利开启全面建设社会主义现代化国家新征程。

在中国特色社会主义新时代，民政的工作职能发生新的转变。2018年深化党和国家机构改革，民政部的救灾、优抚安置、医疗救助等职责，以及老龄工作委员会日常工作、老龄协会管理转隶，单独设立养老服务司、儿童福利司、慈善事业促进和社会工作司，将原社区建设职能修订为指导城乡社区治理体系和能力建设；按照优化协同高效的原则，对国际合作、部本级彩票公益金管理、民政行业标准化、残疾人权益保护、党委人事等职能设置进行了适当调整。机构改革后，民政部门的主责聚焦于基本民生保障、基层社会治理和基本社会服务等方面，职能更加明确，内部设置更加优化，工作质量标准更加严格。

2019年第十四次全国民政会议前夕，习近平总书记对民政工作作出重要指示。他指出民政工作关系民生、连着民心，是社会建设的兜底性、基础性工作；强调各级民政部门要加强党的建设，坚持改革创新，聚焦脱贫攻坚，聚焦特殊群体，聚焦群众关切，更好履行基本民生保障、基层社会治理、基本社会服务等职责，为全面建成小康社会、全面建设社会主义现代化国家作出新的贡献。① 这为新时代民政工作指明了方向，提供了根本遵循。各级民政部门深入学习贯彻习近平总书记重要指示精神，牢固树立"民政为民、民政爱民"的工作理念，履职尽责、扎实工作，取得一系列制度性成果，有力服务了脱贫攻坚和全面建成小康社会大局，取得了一系列新成就。

在履行兜底脱贫责任方面，创新优化政策供给，兜牢脱贫政策的底线。创新优化政策供给，综合运用"单人户"施保等多种救助政策，健全与扶贫政策衔接机制，加强老年人、未成年人和重病重残人员等重点群体保障。实施社会救助兜底脱贫行动，建立监测预警机制，全面排查比对，经常研究调度，务求"不漏一户、不落一人"。仅2020年，基层民政干部就重点排查361万贫困人口，新纳入兜底保障109万人。截至2020年年底，共有1936万建档立卡贫困人口实现兜底保障脱贫，占全国脱贫人口的近1/5，从而扎牢了"两不愁"的制度防线，促进了

---

① 黄树贤. 深怀爱民之心　恪守为民之责：学习贯彻习近平总书记关于民政工作的重要指示精神[J]. 中国民政，2019（13）：8-11.

"三保障"目标的实现。加大对深度贫困地区的倾斜支持力度,全力攻克坚中之坚、难中之难。出台易地扶贫搬迁集中安置社区治理专项政策,动员社会组织参与脱贫攻坚。对已脱贫人口严格落实低保渐退、就业成本扣减等措施,对已脱贫地区严格落实"四个不摘"要求,坚持"扶上马送一程",为960多万贫困群众提供相关后续扶持。坚决整改中央脱贫攻坚专项巡视及"回头看"中的反馈问题,确保民政领域脱贫攻坚成色质量。我国脱贫攻坚重大胜利彪炳史册,各级民政部门付出了巨大努力,展现了担当作为,作出了应有贡献。

在健全基本民生保障方面,着力完善民生保障制度,提升弱势群体的社会福利。国务院制定了《社会救助暂行办法》,中共中央办公厅、国务院办公厅印发《关于改革完善社会救助制度的意见》,形成指引新时代我国社会救助发展的顶层设计。通过加快健全城乡统筹、分层分类的社会救助体系,全面建立县级政府领导牵头的困难群众基本生活保障工作协调机制,保障基本民生保障制度的落地。我国每年有5000万左右困难群众得到经常性生活救助,1000万左右困难群众得到临时性生活救助。统一城市"三无"人员供养和农村五保人员供养,形成特困人员救助供养制度,保障了这一弱势群体的基本生活。全面建立农村留守儿童关爱保护和留守妇女、老年人关爱服务制度。国务院建立未成年保护工作领导协调机制,加强疫情等突发事件下监护缺失儿童救助保护。完善困境儿童保障政策,将24万事实无人抚养儿童纳入国家保障。全面建立困难残疾人生活补贴和重度残疾人护理补贴制度,每年惠及2500多万残疾人。中共中央办公厅、国务院办公厅出台《关于加强和改进生活无着流浪乞讨人员救助管理工作的意见》,强化了地方政府及有关部门的救助和监管责任。开展生活无着的流浪乞讨人员救助管理服务质量提升专项行动，仅2020年就使得3.8万多名长期滞留人员得到妥善照料服务。全国人大公布我国慈善领域首部基础性、综合性专门法律《中华人民共和国慈善法》，强化了慈善事业发挥第三次分配作用的制度支撑。全力应对新冠疫情，确保了民政服务机构安全平稳有序运行，民政服务对象生命安全和身体健康得到有效保障。

在创新基层社会治理方面，强化制度建设，为基层减负赋能。近年来，陆续推动党中央、国务院出台完善基层治理体系和治理能力现代化建设、乡镇政府服务能力建设、城乡社区治理、社区协商等方面的意见，为基层社会治理做好顶层设计。全国人大常委会修订村民委员会和居民委员会组织法，民政部指导各地村（居）委会依法有序开展民主选举，健全村（居）民主管理和监督制度，推进村规民约、居民公约或居民自治章程实现全覆盖，促进党组织领导的基层群众自治机制更加充满活力。在推动管理服务资源下沉的同时，推动基层减负。会同有关部门出台改进和规范基层群众性自治组织出具证明，开展"社区万能章"治理专项行动。加强了社会组织管理，中共中央办公厅、国务院办公厅出台改革社会组织管理制度、促进社会组织健康有序发展的意见和加强社会组织党的建设的意见，加强社会组织政治建设，推动将党的全面领导载入社会组织章程，大力推进党的组织和党的工作"两个全覆盖"。推动完善社会组织扶持发展政策，基本完成行业协会商会脱钩改革，依法严厉打击整治非法社会组织，规范社会组织收费行为。国务院颁布《志愿服务条例》，民政部建立全国统一的志愿服务信息系统，配合中央文明办推动志愿服务的持续发展。

在发展基本社会服务方面，推动基本社会服务的规范化发展，强化专项行政事务管理。在养老服务上，全国人大常委会修订《老年人权益保障法》，国务院出台多项发展养老服务的政策意见。民政部、发改委先后实施两个养老服务体系建设五年规划，全面放开养老服务市场，取消养老机构设立许可，推进养老机构公建民营改革，大力发展居家和社区养老，建设农村互助幸福院，基本建立起"居家社区机构相协调、医养康养相结合"的养老服务体系。开展养老院服务质量建设专项行动，加强综合监管，推动养老服务质量稳步提升。老年人高龄补贴、困难补贴、护理补贴制度实现省级全覆盖。在殡葬管理服务上，中共中央办公厅、国务院办公厅制定了党员干部带头推动殡葬改革的意见。民政部推动各地全面实施惠民殡葬政策，倡导节地绿色生态安葬，推进公益性殡葬设施建设，推动"互联网+殡葬服务"，健全殡葬公共服务体系。深入开展违规建造大墓、豪华墓、活人墓、住宅式墓地，以及滥占耕地林地建墓、殡葬服务市场不合理收费等突出问题的专项治理，坚持疏堵结合，推动规范公墓管理和殡葬服务市场秩序。在婚姻登记管理上，贯彻民法典，出台调整婚姻登记程序、变更婚姻登记证有关事项的措施。婚姻登记信息实现全国联网和多部门共享，开展婚姻登记事项"跨省通办"试点，加强婚姻家庭辅导服务，启动婚俗改革试点。在行政区划管理上，国务院颁布实施《行政区划管理条例》，民政部做好优化行政区划设置的审核报批工作，服务新型城镇化建设，促进区域协调发展。发布中国·国家地名信息库2020版，开展省级地名信息库建设试点。民政系统在提升防灾减灾救灾能力、加强优抚安置工作方面也做了大量扎实有效的工作，为有关机构职能的转隶打下了良好基础。

第二节　把握民政工作百年变革中的历史智慧

学习历史，可以看成败、鉴得失、知兴替。习近平总书记指出，"历史是最好的教科书""历史是最好的老师""中国革命历史是最好的营养剂"。历史是从昨天走到今天，未来是从今天走向明天，过去、现在、未来是相通的。真正了解过去才能正确认识现在，正确认识现在才能科学把握未来。习近平总书记在庆祝中国共产党成立95周年大会上指出："一切向前走，都不能忘记走过的路；走得再远、走到再光辉的未来，也不能忘记走过的过去，不能忘记为什么出发。面向未来，全党同志一定要不忘初心、继续前进。"[①] 习近平总书记在党史学习教育动员大会上指出："我们党历来重视党史学习教育，注重用党的奋斗历程和伟大成就鼓舞斗志、明确方向，用党的光荣传统和优良作风坚定信念、凝聚力量，用党的实践创造和历史经验启迪智慧、砥砺品格。"[②] 回顾党领导的百年民政发展演变历史，在民政工作的不断发展演变中，我们需要认真总结百年来民政实践的发展演变，从不断演变的民政发展历史中总结民政工作发展规律，创新民政实践的新理念和新举措，用以指导和推动民政部门在开启全面建设社会主义现代化国家新征程中继续高质量地履行党和国家赋予的历史使命。

---

① 习近平.在庆祝中国共产党成立95周年大会上的讲话［J］.求是，2021（05）：4-12.
② 习近平.在党史学习教育动员大会上的讲话［J］.求是，2021（04）：4-11.

一、坚持党对民政工作的领导,是民政事业改革与发展的基本保证

中国共产党领导的百年民政发展演变历史告诉我们,党是中国各项事业的领导核心,是中国特色社会主义事业的开创者、引领者、推动者,只有坚持党的领导,才能不断把中国特色社会主义事业推向前进。民政工作是党领导下的中国特色社会主义事业的重要组成部分,我们党始终把民政工作作为党和国家一项重要事业放到国家和社会发展大局中进行统筹谋划。我们党自创立以来就始终站在大多数劳动人民一边,为人民谋幸福、为民族谋复兴。20世纪30年代,中华苏维埃临时中央政府成立,党领导下的民政工作产生。无论是在中华人民共和国创建的过程中,还是在新中国成立后社会主义建设的征程中,党始终紧扣当时的历史使命进行部署,指引着民政事业的发展方向,民政工作始终是党领导下人民民主政权的重要部分。在中国革命、建设、改革的各个历史时期,党始终紧扣当时的使命任务,对民政事业指明前进方向、作出重大部署、加强组织领导,为民政事业发展提供了根本保证。党将自身执政理念、政治信念转换为政府管理的公共事务,赋权民政等部门予以落实。党的领导是民政事业发展的基本保证。因此,各级党委政府要强化对民政工作的领导,建立健全党领导下的民政工作体制机制,将党中央重大决策部署的落实作为推动民政工作发展的重要依据与遵循,以此来谋划民政事业发展、制定民政管理政策、部署民政具体工作,将党的路线方针政策转化为民政工作发展的实际成效。

二、践行以人民为中心的发展理念，始终保持民政为民的民本底色

以人民为中心，是马克思主义最鲜明的品格，是中国共产党的根本政治立场。我们党从创建时起，就是中国最广大人民群众根本利益的忠实代表者。我们党来自人民、植根人民、服务人民，党的事业就是一切为了人民的事业。以人民为中心是中国共产党的初心，是中国特色社会主义道路的根本遵循。以人民为中心，必须把最广大人民的根本利益作为我们党一切工作的根本出发点和落脚点，实现人民对美好生活向往的目标。2013年7月，习近平总书记在河北省调研指导党的群众路线教育实践活动时专程到河北省民政厅调研。他在《河北省调研指导党的群众路线教育实践活动时的讲话》中指出："民政工作是'菩萨'事业。做'菩萨'事业就得怀着菩萨之心，怀着大爱之心、爱民之心。"[1] 从党和国家领导人朴素、形象的语言中，我们可以体会到党对民政工作本身所蕴含的鲜明人民性的认识和要求。民政，即"为民行政"，以民为本、安民立政是民政部门的应有之义。民政以人民群众为施政对象，对与人民群众切身利益密切相关的各种社会事务进行行政管理，是惠民利民、爱民为民优良传统在现代社会的继承发展。因此，民政工作要将民政对象的权益保障作为基本责任，围绕实现人民群众美好生活需求作决策、出政策、抓落实，把人民福祉作为奋斗目标，把人民利益至上作为工作标尺，把人民期待实现作为施政行动，使全体人民在共建共治共享发展中有更多获得感，以此传递党和政府爱民之情、惠民之政、利民之举，体现党全心全意为人民服务的宗旨，彰显社会主义制度的优越性。

---

[1] 孙琳. 陕西：怀着爱民之心做好"菩萨"事业 [EB/OL]. 宣讲家网站，2013-10-30.

三、坚持用科学的理论指导民政实践，把握中国民政事业的发展规律

马克思主义是中国共产党的行动指南，我党在实践中坚持和发展马克思主义，开创了马克思主义的中国化理论道路，为中国特色社会主义建设提供了科学指引，也为我们认识和把握民政事业发展规律提供了有力武器。要坚持以党的理论创新成果指导民政事业发展，深入贯彻邓小平理论、"三个代表"重要思想、科学发展观、习近平新时代中国特色社会主义思想，全面把握新时代要求和人民群众新期待，立足民政职能业务和民政工作实际，深化对民政工作特点和规律的研究。在民政工作实践中，我们也需要用党的创新理论武装头脑，不断了解民政工作对象的需求与特点，不断把握民政工作的运作特征与规律，并及时予以总结概括。从对民政工作"三个一部分"的概括，到民政工作具有"群众性、社会性、多元性"等的探索推动着对民政工作本质规律的把握，也推动着民政工作的继续发展。在新时代，我们要继续高举马克思主义伟大旗帜，学习贯彻习近平新时代中国特色社会主义思想，牢记习近平总书记关于民政工作的重要指示精神，深入探索把握民政工作的特点与规律，研究新发展阶段民政工作运作体制机制，进一步以理论指导实践，推动民政事业的持续健康发展。

四、始终围绕中心积极工作，服务党和国家发展大局，推动民政工作与时俱进

随着我国经济社会的不断发展，党和国家的中心任务在不断调整，民政部门的业务有所变化，但"围绕中心，服务大局"的原则性要求

始终如一。从党领导下百年来的民政职责职能及其机构来看，民政业务始终围绕党和政府的中心工作而展开，其服务于我党执政及政府施政管理大局，并与时俱进、与国家经济社会发展协同共进。基层政权建设、优抚安置、救灾救助、儿童老年人福利、婚姻登记管理等多年来一直是民政工作的主要内容，而部分工作则会随着时代变迁、社会现实条件变化而经历调整。民政工作围绕着党和政府中心工作展开，一些民政工作内容本身也是党和政府的重要管理事项。在新时代，民政工作要自觉把党和国家利益放在首位，将党和政府执行施政需要作为工作出发点，开拓进取，发挥民政工作在社会建设中的兜底性、基础性作用。在新时代，民政部门要将新发展理念贯穿到各民政事业各领域中去，在全面建设社会主义现代化过程中推进民政工作持续发展，在构建新发展格局中履行民政职责作用，推进民政工作高质量发展，提升民政各项服务发展水平，更好地服务于党和国家的发展大局。

五、将继承发扬优良传统与深化改革创新相结合，推动民政工作不断创新

百年来，共产党的成立改变着中国人民和中华民族的前途和命运，改变了国家发展的方向和进程。我们党在领导中华民族"站起来""富起来"以及"强起来"的征程中，推动中国革命实际与马克思主义普遍真理相结合是其一以贯之的基本原则。改革是决定当代中国命运的关键，创新是引领中国发展的第一动力。我们党始终在继承发扬优良革命传统的基础上持续深化改革创新，推进党和国家事业的持续发展。在党领导的百年民政发展历史上，我们党赋予民政部门以基层民主建政、减灾救灾、社会救助、拥军优属、优抚安置、社会组织管理、社会福利等

职责。民政部门在肩负使命、履职尽责过程中以孜孜不倦、经年累月的平凡工作彰显着民政事业的为民爱民内涵，形成了"民政爱民、民政为民"的优良传统。当前，要继承发扬民政优良传统，从传统民政精神中汲取接续前进的力量，自觉践行民政宗旨理念。在继承传统同时，要继续深化民政事业改革创新，坚持问题导向，针对民政领域的体制机制、政策法规、管理水平、服务质量、干部能力等方面的短板弱项持续发力，以改革创新破除堵点、难点，推动民政工作与时俱进，紧跟时代发展的步伐，使民政管理服务充满生机和活力。

六、立足民政部门主导，积极推动社会参与协作，统筹推进民政能力建设

在党领导的民政工作发生发展及改革过程中，社会力量的参与协同如影随形、与生俱来。民政工作是党和政府的社会管理和公共服务职能的重要组成部分，所以必须在党和政府的高度重视和大力支持下依法运行。同时，民政工作的本质上是社会工作，民政工作的对象在于面向社会，民政工作的基础根植于社会，民政工作的优势在于依靠社会，民政工作新的"增长点"在于动员社会。改革开放以来，伴随着经济转轨、社会转型，社会事务日益复杂，利益主体更加多元，民众需求分化交织，民政管理服务的难度不断增强，仅依靠民政部门自身对社会事务、社会组织和社会生活的规范管理，将公众、社会视为被管理对象，忽视其主体地位，越来越不适应时代发展需要。民政部门更早更清晰地觉察到社会力量的参与不可或缺。当前，要立足党和政府主导，推动市场、社会力量积极有序参与到民生保障、基层治理、社会事务管理等民政工作中去，以社会治理理念，通过社区建设、社会组织、社会福利、社会

慈善、社工队伍等"五社联动"的途径，推动社会的参与协同，广泛动员和组织社会力量参与民政事业，有效地聚合全社会的人力、物力和资源，强化民政服务能力，不断壮大民政事业的发展力量，统筹推进民政服务能力建设，推动民政工作更上新台阶。

附录

民政部职能配置、内设机构和人员编制规定[*]

第一条　根据党的十九届三中全会审议通过的《中共中央关于深化党和国家机构改革的决定》《深化党和国家机构改革方案》和第十三届全国人民代表大会第一次会议批准的《国务院机构改革方案》，制定本规定。

第二条　民政部是国务院组成部门，为正部级。

第三条　民政部贯彻落实党中央关于民政工作的方针政策和决策部署，在履行职责过程中坚持和加强党对民政工作的集中统一领导。主要职责是：

（一）拟订民政事业发展法律法规草案、政策、规划，制定部门规章和标准并组织实施。

（二）拟订社会团体、基金会、社会服务机构等社会组织登记和监督管理办法并组织实施，依法对社会组织进行登记管理和执法监督。

（三）拟订社会救助政策、标准，统筹社会救助体系建设，负责城乡居民最低生活保障、特困人员救助供养、临时救助、生活无着流浪乞

---

[*] 中国机构编制网 2019 年 1 月 25 日发布。

讨人员救助工作。

（四）拟订城乡基层群众自治建设和社区治理政策，指导城乡社区治理体系和治理能力建设，提出加强和改进城乡基层政权建设的建议，推动基层民主政治建设。

（五）拟订行政区划、行政区域界限管理和地名管理政策、标准，负责报国务院审批的行政区划设立、命名、变更和政府驻地迁移审核工作，组织、指导省县级行政区域界线的勘定和管理工作，负责地名管理工作，负责重要自然地理实体以及国际公有领域、天体地理实体的命名、更名审核工作。

（六）拟订婚姻管理政策并组织实施，推进婚俗改革。

（七）拟订殡葬管理政策、服务规范并组织实施，推进殡葬改革。

（八）统筹推进、督促指导、监督管理养老服务工作，拟订养老服务体系建设规划、政策、标准并组织实施，承担老年人福利和特殊困难老年人救助工作。

（九）拟订残疾人权益保护政策，统筹推进残疾人福利制度建设和康复辅助器具产业发展。

（十）拟订儿童福利、孤弃儿童保障、儿童收养、儿童救助保护政策、标准，健全农村留守儿童关爱服务体系和困境儿童保障制度。

（十一）组织拟订促进慈善事业发展政策，指导社会捐助工作，负责福利彩票管理工作。

（十二）拟订社会工作、志愿服务政策和标准，会同有关部门推进社会工作人才队伍建设和志愿者队伍建设。

（十三）完成党中央、国务院交办的其他任务。

（十四）职能转变。民政部应强化基本民生保障职能，为困难群众、孤老孤残孤儿等特殊群体提供基本社会服务，促进资源向薄弱地区、领域、环节倾斜。积极培育社会组织、社会工作者等多元参与主体，推动搭建基层社会治理和社区公共服务平台。

（十五）有关职责分工。

1. 与国家卫生健康委员会的有关职责分工。民政部负责统筹推进、督促指导、监督管理养老服务工作，拟订养老服务体系建设规划、法规、政策、标准并组织实施，承担老年人福利和特殊困难老年人救助工作。国家卫生健康委员会负责拟订应对人口老龄化、医养结合政策措施，综合协调、督促指导、组织推进老龄事业发展，承担老年疾病防治、老年人医疗照护、老年人心理健康与关怀服务等老年健康工作。

2. 与自然资源部的有关职责分工。民政部会同自然资源部组织编制公布行政区划信息的中华人民共和国行政区划图。

第四条　民政部设下列内设机构：

（一）办公厅（国际合作司）。负责机关日常运转，承担信息、安全、保密、信访、政务公开、新闻宣传、国际交流合作和与港澳台交流合作等工作。

（二）政策法规司。负责起草相关法律法规草案和规章，承担民政行业标准化工作，承担规范性文件的合法性审查和行政复议、行政应诉等工作。

（三）规划财务司。拟订民政事业发展规划和民政基础设施建设标准，指导和监督中央财政拨付的民政事业资金管理工作。拟订民政部门彩票公益金使用管理办法，管理本级彩票公益金。承担民政统计管理和机关及直属单位预决算、财务、资产管理与内部审计工作。

（四）社会组织管理局（社会组织执法监督局）。拟订社会团体、基金会、社会服务机构等社会组织登记和监督管理办法,按照管理权限对社会组织进行登记管理和执法监督,指导地方对社会组织的登记管理和执法监督工作。

(五)社会救助司。拟订城乡居民最低生活保障、特困人员救助供养、临时救助等社会救助政策和标准,健全城乡社会救助体系,承办中央财政困难群众救助补助资金分配和监管工作。参与拟订医疗、住房、教育、就业、司法等救助相关办法。

(六)基层政权建设和社区治理司。拟订城乡基层群众自治建设和社区治理政策,指导城乡社区治理体系和治理能力建设,提出加强和改进城乡基层政权建设的建议,推动基层民主政治建设。

(七)区划地名司。拟订行政区划管理政策和行政区域界限、地名管理办法,审核报国务院审批的行政区划设立、命名、变更和政府驻地迁移,组织、指导省县级行政区域界线的勘定和管理,审核重要自然地理实体以及国际公有领域、天体地理实体的命名、更名,参与联合国地名标准化建设工作。

(八)社会事务司。推进婚俗和殡葬改革,拟订婚姻、殡葬、残疾人权益保护、生活无着流浪乞讨人员救助管理政策,参与拟订残疾人集中就业扶持政策,指导婚姻登记机关和残疾人社会福利、殡葬服务、生活无着流浪乞讨人员救助管理机构相关工作,协调省际生活无着流浪乞讨人员救助事务,指导开展家庭暴力受害人临时庇护救助工作。

(九)养老服务司。承担老年人福利工作,拟订老年人福利补贴制度和养老服务体系建设规划、政策、标准,协调推进农村留守老年人关爱服务工作,指导养老服务、老年人福利、特困人员救助供养机构管理工作。

（十）儿童福利司。拟订儿童福利、孤弃儿童保障、儿童收养、儿童救助保护政策、标准，健全农村留守儿童关爱服务体系和困境儿童保障制度，指导儿童福利、收养登记、救助保护机构管理工作。

（十一）慈善事业促进和社会工作司。拟订促进慈善事业发展政策和慈善信托、慈善组织及其活动管理办法。拟订福利彩票管理制度，监督福利彩票的开奖和销毁，管理监督福利彩票代销行为。拟订社会工作和志愿服务政策，组织推进社会工作人才队伍建设和志愿者队伍建设。

机关党委（人事司）。负责机关和在京直属单位的党群工作。承担机关和直属单位的人事管理、机构编制、教育培训、科技管理及队伍建设等工作。

离退休干部局。负责机关离退休干部工作，指导直属单位离退休干部工作。

第五条　民政部机关行政编制333名。设部长1名，副部长4名，司局级领导职数47名（含机关党委专职副书记1名、机关纪委书记1名、离退休干部局领导职数3名）。

第六条　民政部所属事业单位的设置、职责和编制事项另行规定。

第七条　本规定由中央机构编制委员会办公室负责解释，其调整由中央机构编制委员会办公室按规定程序办理。

第八条　本规定自2018年12月31日起施行。

参考文献

著作类：

[1] 甘肃省社会科学院历史研究室. 陕甘宁革命根据地史料选辑 [M]. 兰州：甘肃人民出版社，1983.

[2] 黄树贤. 民政改革40年 [M]. 北京：中国社会出版社，2019.

[3] 金双秋. 中国民政史 [M]. 长沙：湖南大学出版社，1989.

[4] 李小三. 新民主主义革命简史 [M]. 北京：中共党史出版社，2010.

[5] 李学举. 民政30年 [M]. 北京：中国社会出版社，2008.

[6] 孟昭华，谢志武，傅阳. 中国民政社会思想史 [M]. 上海：上海交通大学出版社，2009.

[7] 孟昭华，王明寰. 中国民政史稿 [M]. 哈尔滨：黑龙江人民出版社，1986.

[8] 浦善新. 中国行政区划改革研究 [M]. 北京：商务印书馆，2006.

[9] 全国人大图书馆. 中华苏维埃代表大会 [M]. 北京：中国民主法制出版社，2019.

[10] 瑞金市人民法院. 中华苏维埃共和国审判资料选编 [M]. 北京：人民法院出版社，1991.

[11] 舒龙，凌步机. 中华苏维埃共和国史 [M]. 南京：江苏人民出版社，2021.

[12] 厦门大学法律系，福建省档案馆. 中华苏维埃共和国法律文件选编 [M]. 南昌：江西人民出版社，1984.

[13] 西北五省区编纂领导小组，中央档案馆. 陕甘宁边区抗日民主根据地：文献卷 [M]. 北京：中共党史资料出版社，1990.

[14] 杨根来，段凤东. 民政史新编 [M]. 郑州：河南人民出版社，1995.

[15] 杨剑虹，许启大. 民政管理发展史 [M]. 北京：中国社会出版社，1994.

[16] 郑杭生. "大民政"的理论和实践与"中国经验"的成长 [M]. 北京：中国社会出版社，2011.

[17] 卓帆. 中华苏维埃法制史 [M]. 南昌：江西高校出版社，1992.

论文类：

[1] 本刊编辑部. 1949—1977 奠基起步 [J]. 中国民政，2019（19）：18-19.

[2] 本刊编辑部. 新中国成立以来的民政部长 [J]. 中国民政，2012（03）：2.

[3] 韩晶，杨晓云．新时代"民政为民、民政爱民"工作理念内涵阐释与践行要求［J］．社会福利（理论版），2019（08）：3-7．

[4] 姜鸿升．新中国民政的奠基人：谢觉哉［J］．中国民政，1999（01）：34．

[5] 李凤瑞，刘福旺．中国民政的发展历程：历次全国民政会议回顾［J］．中国民政，2000（02）：17-19．

[6] 刘爽．解放战争时期中国共产党的社会保障思想与实践研究［D］．武汉：中南财经政法大学，2016．

[7] 李琦．我国军婚保障制度的历史沿革梳理［J］．群文天地，2013（01）：238．

[8] 李学举．在纪念改革开放暨民政部恢复设立30周年大会上的讲话［N］．中国社会报，2008-12-22（01）．

[9] 潘怀平．陕甘宁边区依法治理社会问题的历史经验［N］．光明日报，2016-04-04（07）．

[10] 司马义·艾买提．认真实践"三个代表"重要思想 努力开创民政工作新局面：在第十一次全国民政会议上的讲话［J］．中国民政，2002（06）：9-18．

[11] 汤维建．关于现代民政改革的若干思考和建议［J］．贵州民族大学学报（哲社版），2018（01）：142-160．

[12] 王涵，姚景明．内务部机构及职能［J］．中国民政，1999（01）：35．

[13] 王利军．解放战争时期解放区的社会救助［J］．地域研究与开发，2011（05）：161-164．

[14] 吴云峰．陕甘宁边区与华北抗日根据地儿童保育工作研究

[J]. 兰台世界, 2015（09）：48-50.

[15] 许明堂. 民政部的起源：中华苏维埃共和国中央内务人民委员部[J]. 中国民政, 2014（11）：54.

[16] 杨荣, 刘喜堂. 新中国民政职能的历史变迁与路径依赖[J]. 华中师范大学学报（人文社科版）, 2015（04）：18-25.

[17] 张宝砚. 民政"元年"的"梦之队"[J]. 中国民政, 2014（03）：58.

[18] 赵晓光, 戴茂林. 解放战争时期党在东北解放区的执政经验研究[J]. 理论探讨, 2006（06）：125-127.

[19] 张帆, 朱小玲. 抗战时期社团组织在陕甘宁边区治理中的贡献与作用[J]. 甘肃社会科学, 2016（01）：213-217.

[20] 张群. 抗战·军婚·人权：我国近代军人婚姻立法初探[J]. 比较法研究, 2007（05）：133-144.

[21] 郑彦林. 抗战时期陕甘宁边区优抚安置问题研究[D]. 延安：延安大学, 2012.

[22]《中国民政》编辑部. 百年民政事业发展历程[J]. 中国民政, 2021（13）：30-32.

[23] 邹波. 从职能变迁看民政事业的改革路径和发展方向[J]. 毛泽东邓小平理论研究, 2018（02）：70-76, 108.

[24] 周天胜, 陈应智, 肖光荣. 抗日战争中的战时儿童保育工作[J]. 贵阳文史, 2002（01）：42-45.